中外指挥家
谈当代音乐

Contemporary
Music:
Perspectives
of
Conductors

吴林励 著

文化艺术出版社
Culture and Art Publishing House

图书在版编目（CIP）数据

中外指挥家谈当代音乐 / 吴林励著. —北京：文化艺术出版社，2022.12
ISBN 978-7-5039-7333-8

Ⅰ.①中… Ⅱ.①吴… Ⅲ.①指挥-音乐家-访问记-世界-现代 Ⅳ.①K815.76

中国版本图书馆CIP数据核字（2022）第215322号

中外指挥家谈当代音乐

著　　者	吴林励
责任编辑	董良敏　袁可华
书籍设计	马夕雯
出版发行	文化藝術出版社
地　　址	北京市东城区东四八条52号（100700）
网　　址	www.caaph.com
电子邮箱	s@caaph.com
电　　话	（010）84057666（总编室）　84057667（办公室） 　　　　84057696—84057699（发行部）
传　　真	（010）84057660（总编室）　84057670（办公室） 　　　　84057690（发行部）
经　　销	新华书店
印　　刷	鑫艺佳利（天津）印刷有限公司
版　　次	2023年3月第1版
印　　次	2023年3月第1次印刷
开　　本	710毫米×1000毫米　1/32
印　　张	10.5
字　　数	199千字
书　　号	ISBN 978-7-5039-7333-8
定　　价	78.00元

版权所有，侵权必究。如有印装错误，随时调换。

序曲

    2016—2018年我在美国北卡罗来纳大学教堂山分校度过将近两年的访问学者生活。这是美国第一所公立大学，也是在多个领域世界领先的老牌大学。校园里有着二百年历史的纪念堂音乐厅（Memory Hall），令人欣喜不已的是我在这个古老的音乐厅见证了中国爱乐交响乐团的总监、首席指挥余隆和中国国家大剧院交响乐团艺术总监、首席指挥吕嘉带领中国乐团与世界著名的乐团在同一舞台的精彩演出。爱乐乐团演奏了作曲家陈怡的新作品《四灵》，国家大剧院乐团分别演出了作曲家陈其钢和赵季平的作品《逝去的时光》和《第一小提琴协奏曲》。两场演出令观众流连忘返，掌声雷鸣……

    当时身处异乡的我看到这所美国的老牌大学，有着古老历史的舞台上，自己国家的乐团和世界知名乐团的先后演出，怎能不激动不已，怎能不为中国音乐文化发展取得的巨大进步而自豪！指挥是乐团的灵魂人物，是乐团的枢纽，他决定了乐团演奏的作品、音乐和文化精神发展方向，更是音乐文化交流的桥梁。同时，他们的手里好像握着一把有魔法的钥匙，能开启音乐家的心灵，与他们一起在神秘的音乐世界里自由自在地翱翔……

正缘于此，也基于自己曾有过指挥方面的艺术实践经历，我萌发了采访他们的想法。希望去了解不同国家、不同的文化背景下，乐团的指挥们在同时代、同一个时间点都有怎样的艺术思考和文化视野。

非常幸运的是，我的想法得到了北卡罗来纳大学教堂山分校表演艺术中心总策划、艺术与行政总监埃米尔·康（Emil Kang）教授的帮助。在他的帮助下我采访了布鲁克纳交响乐团的音乐总监和指挥丹尼斯·罗素·戴维斯（Dennis Russell Davies），维也纳爱乐乐团的前任音乐总监及指挥弗朗茨·威尔瑟－莫斯特（Franz Welser-Most），英国圣马丁室内乐团的音乐总监、指挥家、小提琴独奏家约书亚·贝尔（Joshua Bell）等几位世界著名乐团的指挥。在与他们的对话中，了解到的这些乐团的音乐实践和所带来的文化影响，使我得以从拓展的角度进一步来看中国当代音乐的发展以及为中外音乐文化交流等提供了有益的启示。

2018年暑假我回到中国后，继续采访了一批中国的指挥家。促使中国音乐发展很关键的群体之一是经历了这一时代的、有影响力的指挥家们。本来我计划写老、中青年这两代指挥家，展现他们各自的特色。但一场突如其来的疫情打乱了

我的计划，现在只能缩减为其中的一部分，将其展示给读者。（书中采访的文章按照采访时间的先后排序）

从已经采访过的中国指挥家来看，涉及交响乐、中国民族管弦乐、室内乐、歌剧、舞剧等多种形式。他们有着各自不可复制的艺术经历，但也有一些共同的特点。如对中国当代音乐创作的深度思考，对东西方音乐文化交流和融合的各种尝试等。而且，他们大部分人的成长经历也很特殊，这使他们的艺术潜力得到了充分的发挥，才华得到淋漓尽致的展现。这也是他们在这个时代共同的特点。

感谢每一位在百忙中抽出时间接受采访的指挥家，和他们的交谈，如同经历了一次又一次的精神洗礼。我在采访之前做好功课，用心体会每一位受访者的音乐创作与成果、思想境界和文化视野。用心理解他们内心的求真以及面对挑战的积极、坚韧……在每一次采访后我都心存感激，从中受到了思想的启迪和感悟，为艺术成长的生命之路汲取了能量。我希望给读者展现的不仅是思想的火花，也有鲜活、生动、真实的人物性格，而这一点更是他们艺术表现力和感染力的主要来源之一。愿我们在交流中获得更多的信息和力量。

目 录

1　前　言

1　余隆：我们这代人的心里多少都藏着些英雄情结

29　丹尼斯·罗素·戴维斯：指挥想要的声音不能强求于某一个乐队

35　弗朗茨·威尔瑟-莫斯特：技术上的精确并不代表表达出音乐的内涵

47　吕嘉：艺术家要有一颗纯粹的心

69　约书亚·贝尔：我的每一次演出都像是第一次

75　托努·卡拉姆：我享受和年轻人一起创造音乐的过程

97　阎惠昌：我们应像传家宝一样珍视民间传统中的音乐语言

119　许知俊：指挥是从谱面走向内心的过程

143　王甫建：知难而上力求改变民族管弦乐现状

159　谭利华：留下有历史痕迹的优秀中国原创作品

185　汤沐海：在音乐实践中随时汲取营养

205　叶聪：从深层次上来说东西方文化是相通的

229　张国勇：艺术之美在于激情与理性的碰撞

251　俞峰：思变创新，勇攀高峰

279　张艺：不设限的艺术人生

300　尾　声

302　参考文献

前　言

改革开放以来，中外音乐家们在音乐交流方面一步一步地深入。中国音乐从几十年前的学习引进西方音乐，到在当代世界音乐中占有一席之地，从开始模仿西方音乐的结构，到逐渐融合中国音乐元素以至创作出新的音乐体系作品并为西方乐团演奏，取得了巨大的成绩。

书中所采访的这些指挥家，虽然他们的艺术经历各有千秋，且又不可复制，但是通过梳理、总结他们的艺术经历、艺术思想可以看到中国音乐发展的轨迹，探索这段历史的足迹，包括音乐在内的中国文化正在复兴，在更深更广的层面上深化中外文化的交流与融合已经势在必行。尤其是中国当代音乐对外交流的历史，这些积极开放的交流不但帮助提升了中国当代音乐的整体形象，也为世界音乐注入了新鲜血液，真正体现了文化多元性的价值观，极大地丰富了世界音乐语言。其中，指挥家起到了至关重要的作用。

一、中国乐团是当代中国音乐对外交流的有效载体

多元性已成为各个文化领域的标准之一。中外文化交流的价值意义应体现在东西方文化互动、平等的对话上，进而创造更为和谐的文化关系，使不同文化相互影响、相互协调，以寻求更为广阔的发展空间。具体到中国音乐，怎样让自己的文化传统和当代音乐发展展示在世界舞台上，与其他文化和谐互动，丰富音乐的体裁和内涵，是我们需要全面思考的。在全球化的语境中思考中国音乐的定位和立足点，关键在于本民族的文化立场，通过梳理中国当代音乐的发展，来传承和发展音乐传统文化。传统应流入我们的血液之中，活在我们的生命里，而不是滞留在概念上。以全球化的发展观，关心整个艺术思想的问题。中国几千年的文化，经历灾难，不但仍能传承至今，而且迎来了新的崛起和强盛，它的文化潜力巨大，也会对世界文化有影响。中国音乐的发展不可能一步到位。对中国当代音乐，要从文学、美学、哲学的意义上去重新认识，来重新确定我们对中国当代音乐的审美标准：既要代表几千年的文化，又要表现出文化的先进性、时代性。改革开放以后，中国当代有一批有使命感的作曲家、指挥家、理论家、乐团创建者、演奏家在探索和尝试着这条道路。通过梳理30年来的一些成功的文化交流现象，我们可以发现，中国的乐团是当代中国音乐对

外交流的重要和直接的载体之一。

（一）"新潮音乐"的诞生与民族音乐的国际影响

1985年4月22日，谭盾举办"中国民乐作品专场音乐会"，标志着被舆论界称为"新潮音乐"的中国现代音乐诞生，可谓"一石激起千层浪"，揭开了民族器乐"新潮"的序幕。在这场音乐会上，谭盾推出了10部作品[1]。谭盾从民族音乐里发现了创作空间，这是对西方现代性的美学规则和方法的一种突破。之后，与谭盾同班入学的叶小纲、瞿小松、陈怡、郭文景等相继推出了各具特色的个人作品音乐会。

1986年，由民族管弦乐指挥家王甫建指挥，在中央音乐学院演出了一场载入中国当代音乐史的民族器乐作品音乐会，其中新作品有：叶小纲的《和》，李滨扬的《吹打乐》《山神》，林德虹的《欲》，瞿小松的《两乐章音乐》《打击乐协奏曲》《山神》。王甫建认为当时的这些青年作曲家"以鲜明的创作个性和现代意识插足于民乐这个封闭性的圈子"，直接运用现代作曲技法创作民乐作品，"使民乐产生了许多不同寻常的音响

---

[1] 《山谣》(管子、唢呐、三弦、打击乐四重奏)、《双阕》(二胡与扬琴)、《南乡子》(古筝与箫)、《为拉弦乐器而作的组曲》、《三秋》(为古琴、埙、女高音而作)、《为弹拨乐而作的五首小品》、《竹迹》(一支笛子的独白)、《二架古筝与女高音》、《琵琶协奏曲》、《剪贴》(为吹管乐器及打击乐器而作)。

效果";这些青年作曲家的创作,在"乐器运用中很少受传统演奏法的约束。迫使各乐器更多地挖掘演奏潜力……大大开发了民族乐器的演奏技巧,更加丰富了传统乐器的表现力"。这些作品"非但没有背离传统,相反它们与许多传统形式有着密切的关系"。[1]

1987年,在《音乐研究》编辑部召开的座谈会上,与会者吴厚元提出:"如果我们广义地理解:凡有别于西方传统音乐的思维方式、结构形态和作曲方法的音乐作品,都属于'现代音乐'的范畴,或者能与'现代'的概念沾上边,那么我国传统音乐不仅存在着大量的'现代因素',而且我国现代的音乐创作还有着不可估量的广阔的前景。"这一时期,整个中国现代音乐普遍开花。除上述作品外,代表性作品还包括金湘创作的用民族乐队伴奏的合唱组曲《诗经五首》;李真贵、李滨扬的古琴与埙二重奏《南风》;李滨扬的管子协奏曲《山神》《吹打乐》;黄多的《旦歌》(为巴乌与柳琴而作);林德虹的《欲》;许知俊的《龟兹风》(笛子与鼓乐合奏);董葵的《戏鬼》(为低音竹笛、三弦、打击乐而作);何训田的《天籁》;徐仪的《虚谷》;吴少雄的《乡月三阕》;徐昌俊的《寂》;等等。

尤为重要的是,当年的这个现象值得反思!中国音乐现

---

[1] 王甫建:《民乐"新潮"作品之我见》,《人民音乐》1987年第8期。

代化为什么在文化最核心最传统和保守的地方爆发？当时交响乐团、钢琴和小提琴等在中国发展得非常迅速，而且已经开始与国际接轨，再往前一步就是所谓的现代化了。按理说，中国音乐应该在这里得到发展，可非常奇怪的是，中国音乐现代化发起的源头却是保守的中国民族音乐。我想这里有两点原因，首先是1983年日本作曲家三木稔两次带日本音乐家集团来中国演出，当时谭盾、周龙、瞿小松和郭文景等都参加了。大家看完演出后非常惊讶：没想到民族乐器也能演奏出这么具有现代气息的音乐来！这可能是直接的"导火线"。

其次是在同一时期，《人民音乐》召开了一个有关民乐的座谈会，民乐界所有重量级的理论家、作曲家、指挥家几乎全部出席，大家都产生了这样一个疑问：在西方古典音乐热和流行音乐热的双重压力下，民乐正处在前所未有的"低谷"，怎么才能走出低谷呢？正当大家议论纷纷、困惑不已的时候，谭盾在他的民族器乐专场音乐会上做出了响亮的回答："新潮音乐"是从民族室内乐队开始的。把握好这个文化现象，不仅可以加强民乐的自身建设，而且对整个中国当代音乐的发展都有重要的意义。

不得不说，现代音乐技法从不屑一顾到井喷式的发展，对当时整个音乐生活起到了几点积极性的作用：第一，它突破了19世纪已有的音乐创作思维模式，打开了一扇窗户，拓宽了审美的边界，为音乐创作带来了新的可能性。第二，中国传统文化的诸多文化特质与现代音乐暗合，作曲家们的触角都在探索，以期在传统文化里能够创新出更多的现代音乐。第三，20世纪80年代的改革开放，使一批具有强烈探索精神与创新意识的青年作曲家成为音乐创作的主力军。

20世纪90年代中期成立的"华夏室内乐团"也开始活跃在国内外音乐舞台，引起不小的反响，成为音乐界和媒体关注、议论的热点之一。1996年，华夏室内乐团由团长张维良和艺术总监李西安带领，旅美指挥家叶聪指挥，参加了由法国广播公司主办的大型现代音乐节。他们在巴黎分别演出了传统与现代两场风格截然不同的音乐会，这两场音乐会都被安排在音乐节期间节目最密集的时间，于梅西安音乐厅举行。音乐会上演奏了朱践耳的《和》、郭文景的《晚春》、陈其钢的《三笑》、潘皇龙的《释道儒》、高为杰的《韶Ⅱ》、李西安改编并吟诵的唐诗《枫桥夜泊》等作品。这两场音乐会被法国观众赞叹为"从天上传来的声音"。其中一位观众还说："我第一次听中国音乐，在你们的音乐里我发现了中国。我没去过中国，我一定要到中国去。"法国电台音乐部负责人阿尔芒果先生评价这次音乐会时说："作品是高水平的，演奏是无可挑剔的。但更重要的是在这些作品里没有听到模仿西方音乐的痕迹。"当时有人提出："我们也用了很多西方的技术呀！""你们用的是西方的方法，而不是语言。"一位很有影响的法国作曲家说，"我们西方作曲家面对一个庞大的体系需要突破，常常很困惑，不知怎么写。在你们演奏的作品里我听不到这种困惑。而有些中国作曲家给西方乐器写的作品，如果我闭上眼睛听，不看节目单，就不知道是哪国人写的。"[1]

此后，指挥家叶聪与华夏室内乐团于1996年至1997年三次应邀赴法参加了巴黎、里昂和阿维纽国际音乐节。1998年年初应邀赴美，在纽约、华盛顿、旧金山、洛杉矶等12个城市巡回演出，赴新西兰参加杰克·巴顿的歌剧《路易·艾黎》的首演，10月赴里斯本国际音乐节首演葡萄牙作曲家米盖欧的大型多媒体作品《元之元》，11月与荷兰卡斯·詹森五重奏团合作演出《邂逅》音乐会。三年中，共演出了中国传统音乐、现代音乐、古曲新编、多媒体、现代爵士等各种不同风格和形式的音乐会100多场。其中在国外的演出有50多场，全部进入欧美的主流社会。此外，由香港雨果唱片公司录制出版了《婆罗门引》《三笑》两张CD专辑，国内外媒体发表了大量评论和报道。[2]

华夏室内乐团获得成功在于他们向西方人展示了一个前

---

[1] 李西安:《参加'96巴黎现代音乐节侧记》,《国际音乐交流》1996年第3期。
[2] 参见李西安《叩响现代之门——华夏室内乐团的艺术构想与实践》,《人民音乐》1999年第7期。

所未有的东方人的音响世界、东方人的精神"意象"特质和生命气象。这里完全没有模仿西方音乐的"痕迹"，而是另一种自然饱满的东方艺术表达。20世纪80年代中期被称为"新潮音乐"的新型民族室内乐形式得到了西方音乐界的认同。表面看上去音乐会的成功是作曲、指挥、演奏的完美结合，从文化深层去理解却是中国音乐传统融入当代国际文化语境中的一个成功的文化现象。这种新的形式背后蕴藏的内涵是民族室内乐这种形式既能扎根于中国文化传统，又能适应现代音乐发展的潮流，从而在新的时代有了更为广阔的生存和发展空间。

（二）中国交响乐团与欧洲交响乐团的合作

近20年来，北京交响乐团的指挥家谭利华一直在不遗余力地委约、推广中国当代音乐作品。比如郭文景打击乐协奏曲《山之祭》、周龙交响组曲《京华风韵》、张千一交响曲《茶》、鲍元恺《京剧交响曲》等。他坚信中国交响乐派能走向世界。北京交响乐团赴欧洲、美洲巡演，参加德沃夏克音乐节等主流国际音乐节，乐团每场演出都有一半是中国作品，百代唱片公司为乐团录制8张唱片，也有一半是中国当代作品。谭利华个人应邀担任海外乐团客座指挥，同样坚持中外作品各占一半。难得的是，他坚守了近20年的这一信念已被国际乐坛认可。

谭利华说："一开始出访，他们给我们限定曲目，我说不行，必须一半中国曲目一半西方曲目。一开始经纪公司怕观众不买账，心里没底，但是我坚持，他们一试，观众反应热烈，现在主动要求各占一半。我们带出去的中国曲目，有浓郁的中国音乐符号和文化内涵，也能代表当代最高艺术成就，外国人也想听到这些。他们有《茶花女》《蝴蝶夫人》《托斯卡》，我们也有《梁山伯与祝英台》，包括很多的民间故事，都很有感染力。对爱的追求是全世界共通的，人人都听得懂。"

2012年北京交响乐团与伦敦爱乐乐团合作演出了专场音乐会——"圣火·欢乐颂——北京交响乐团与伦敦爱乐乐团2012伦敦奥运会庆典音乐会"也在当地引起了轰动。伦敦的主要媒体评论道："这是一场非常迷人的中国当代+古典经典专场音乐会。这场音乐会以郭文景的交响序曲《莲花》拉开序幕，将作品中圣洁、吉祥的信息透过音乐作品传递出来，这是北京送给伦敦奥运的祝福。指挥家谭利华在这部作品中，极好地把握住了作品的精髓和平衡感，这种精彩让人难以相信这是出自两种不同文化国度背景下的不同乐团，却奏出如此风格统一的作品……唐建平的打击乐协奏曲《圣火2008》，李飚的如疾风暴雨式的精彩演奏与指挥家的合作可谓是天衣无缝……"[1]

---

[1] 朱子：《独家对话 | 谭利华：谭指一挥 半在云间半雨间》，《北广人物》2019年第6期。

（三）中国爱乐交响乐团和国家大剧院管弦乐团走进美国

2016年11月和2017年11月，分别由艺术总监、指挥家余隆带领中国爱乐交响乐团和艺术总监、首席指挥吕嘉带领国家大剧院交响乐团在美国北卡罗来纳大学教堂山分校倾情演出。短短一年内中国两大著名乐团来这所大学先后演出是从未有过的事儿，这在当地引起了不小的轰动。碰巧笔者当时正在美国北卡罗来纳大学教堂山分校访问学习，欣喜不已地在这个古老的音乐厅里见证了中国爱乐乐团、国家大剧院管弦乐团与芝加哥乐团、维也纳爱乐乐团、布鲁克纳交响乐团、英国圣马丁学院乐团等世界著名乐团在同一个舞台上的精彩表演，经历了当时激动人心的美好时刻。

中国爱乐乐团演奏了华裔作曲家陈怡的新作品《四灵》和肖斯塔科维奇的《第五交响乐》，音乐会的气氛非常热烈，指挥和演奏家们的表现都很精彩。中国爱乐乐团的音乐会结束后，担任钢琴独奏的华裔钢琴家——北卡罗来纳大学教堂山分校音乐系唯一的一位华裔教授杨慧兴高采烈地说："音乐会很成功！我太希望中国的乐团来美国大学演出，难以抑制的激动……《四灵》这部现代作品只有这么短的排练时间，效果大大出乎意料！乐团很专业！"陈怡创作的钢琴协奏曲《四灵》是首次在美国北卡罗来纳州演出。"四灵"是中国东方古代传说中的灵物，这部作品的创作灵感来自中国古代传说中的四大神兽——东方的青龙、北方的玄武、西方的白虎和南方的朱雀，也正是乐曲四个乐章的标题。尤其是第四乐章描绘"南方"的朱雀，音乐形象飞扬，又用了民间《老八板》的素材，织体流畅而灵活，好像一幅满园朱雀飞舞的春景图。作曲家郭文景曾经说："《老八板》在汉族音乐中影响很广，纯朴而又老辣，像一剂补药，使我受益匪浅。"[1]这首作品深受美国观众喜欢，因为北卡艺术中心就设在北卡罗来纳大学教堂山分校，所以这里的中国观众并不多，绝大部分观众是由这个中心长期培养和影响的美国本地观众和世界各地的年轻人，而且知识分子聚集，具有浓厚的文化氛围。当天数千名观众怀着极大的兴致听完全部音乐会，演出结束后观众长时间地起立并热烈鼓掌。指挥和演奏家们虽一再谢幕，观众还是不肯离去。在国内，我也经常听中国爱乐乐团的演出，但像这次被感动得热泪盈眶的体会却真是鲜见。

国家大剧院管弦乐团演出了中国著名作曲家赵季平的《第一小提琴协奏曲》、陈其钢的《逝去的时光》和西贝柳斯的《第二交响乐》。《逝去的时光》的大提琴独奏由欧美乐坛炙手可热的大提琴家戈蒂耶·卡普松（Gautier Capucon）担

---

[1] 李吉提：《中国音乐结构分析概论》，中央音乐学院出版社2004年版。

任。这首作品是作曲家陈其钢在1995—1996年之间创作的,是中国传统文人文化的创新和发展,不仅是因为引用了《梅花三弄》的主题,更是赋予了古代文人音乐辉煌的气势、悠长的气息、空寂超逸的神韵以及震撼力和现代感。20多年来这首作品经久不衰。北卡交响乐团大提琴首席看完演出后说:"中国国家大剧院管弦乐团很棒,我真的很想看到欧洲的音乐家如何理解和演绎东方的当代作品,毫无疑问,卡普松表现得很精彩!"卡普松在台上演奏结束后,热烈地挥舞乐谱以表达对作曲家陈其钢崇高的敬意。他说:"很高兴能与吕嘉指挥和中国国家大剧院管弦乐团合作,并在美国首演了陈其钢的作品《逝去的时光》。乐团表现非常出色,今晚也是我与此次中国国家大剧院管弦乐团美国巡演的最后一场。在巡演的过程中,我对中国当代音乐的理解越来越深,音乐的处理越来越好……"北卡罗来纳大学教堂山分校交响乐团的艺术总监和首席指挥托努·卡拉姆教授说:"指挥和乐团的表现富有激情,我很难想象国家大剧院管弦乐团仅仅只有七岁,我喜欢他们的弦乐声部音色。赵季平的《第一小提琴协奏曲》美极了,令人遐想万分,小提琴家宁峰的演奏更是不可思议……"音乐总监、指挥家吕嘉表示:"我们代表中国、代表中国国家大剧院来美国演出,一定要带着我们自己的文化的声音,而且这种声音能够跟世界文化的声音交融在一起。正是出于这种考虑,此次巡演选择的曲目既有美国作曲家卢·哈里森写的《琵琶与弦乐队协奏曲》，也有中国当代作曲家们借鉴外国技法写的作品，这些作品不仅具有鲜明的文化背景，而且真正地将中国元素融合到作品的细节中去。"

二、当代中国音乐作品对世界文化多元化的贡献

2018年10月26日于上海举行的中国音乐评论学会第七届年会的自由讨论环节，指挥家、理论家卞祖善先生提到一个小插曲。一次他受邀和维也纳爱乐乐团时任主席安得利斯·格罗斯鲍尔进餐，当时正逢乐团在中国五年落地开启，出于好奇，他问乐团会否在中国演中国作品，对方坦言没有规划。卞祖善进而提问："为什么这些外国乐团一次一次来中国，甚至前来驻场，演出中国作品者却少之又少呢？"[1]

这是一个值得研究的现象。这一百多年来，中国一直在走以传统为基础借鉴西洋和外来形式民族化同时并举的"结合型"道路。我们对西方的了解远远大于西方人对我们的了解。中国对西方文化方面的影响不管是图书翻译、影视制作，还是语言教学等方面都是远远不够的。经调查发现："整个20世纪

---

[1] 唐若普：《这些外国乐团一次次来华，为何却很少演中国作品》，https://www.sohu.com/a/273220696_150289。

西方译介的中国图书只有1000余册，但是中国翻译的西方著作数量却高达10万多册，相差100倍。我们翻译的西方作品种多不胜数，而输出西方的中国文化的品种却少得可怜，中西文化对话阵营极不成比例，出现了惊人的'文化赤字'……西方人看中国，看到了GDP的增加……却不清楚中国的文化内涵究竟是什么。"[1] 显然，当代中国音乐应是对外交流的方式之一。音乐是中外交流的桥梁，也是传递民族文化精髓的载体。

（一）中国音乐需要走向世界，世界也需要中国音乐

在西方第一次以中国作曲家作为主题开展的音乐会是1991年荷兰新音乐团在阿姆斯特丹举办的一场名为"天堂之路"的音乐会，演出了莫五平、谭盾、瞿小松、陈其钢、许舒亚、郭文景和何训田这七个人的作品。七个人的作品各自都有独特的风格，音乐会获得了成功。这是当时很重要的历史事件。荷兰新音乐团是1980年在阿姆斯特丹成立的。这个乐团可以说是西方乐团中演奏中国作品最多的。乐团的创始人名为约埃尔·邦斯，在西方有着很大的影响力，认识世界各地重要的作曲家。通过"天堂之路"这场音乐会，荷兰新音乐团

---

[1] 王岳川编著：《文化输出：王岳川访谈录》，北京大学出版社2011年版，第205页。

向西方观众展示了中国作曲家的杰出才能，使中国新音乐开始吸引国际乐坛的目光。荷兰新音乐团艺术总监邦斯曾这样评价中国现代音乐："与日本作曲家相比，中国当代作曲家从一开始就更明确地意识到本民族文化和传统的价值，作品个性鲜明，也因此在当今全球文化中迅速获得了承认……"[1] 他还用一句较通俗的话来描述中国现代音乐："中国音乐被感觉，被听到；而西方新音乐被计算，被构造。当然，这只是很不严谨的形象化的说法。但不管怎样，他相信中国新音乐成功的一大原因在于与西方不同的音乐态度。"的确，中国现代音乐受到了西方现代音乐的影响，但也保留着中国传统文化的血脉，又洋溢着中国当代文化的精神，以鲜明的中国性形成独特的文化身份，定位并活跃在国际化的现代音乐舞台上。之后，这场"天堂之路"音乐会被欧洲几个主要的音乐节邀请，新音乐团也就开始了与中国作曲家长达十多年的合作。1992 年的柏林艺术节、1993 年的威尼斯艺术节、1994 年的荷兰艺术节、1995 年的巴黎秋季艺术节等，都开始将目光放在中国的新音乐上。

更为精彩的是荷兰女导演拍了世界上第一部由西方人拍摄、描写中国当代作曲家的纪录片《惊雷》，纪录片里的音乐

---

[1] 吴林励：《中国电子音乐创作研究：从五部作品论现代性与民族性的融合》，文化艺术出版社 2012 年版，第 132 页。

几乎全是荷兰新音乐节委约或上演的作品。题目叫"惊雷"，顾名思义：平地一声让世界震惊的雷声！由此可见当时中国当代音乐给世界带来多大的震撼！西方音乐界评价中国现代作曲家群体——对充满困惑的西方乐坛的"一声惊雷"！更有趣的是：这部纪录片是在莫五平、谭盾、陈其钢、郭文景和瞿小松五位重要的中国作曲家生活过的地方甚至家乡拍摄的，纪录片中的作曲家好些都说着方言，唱着当地的民歌。以此作为拍摄背景，能更好地理解他们的成长经历、人文背景和性格特征。整部电影按照奏鸣曲式结构布局，分为前奏、呈示部、结束部、展开部、再现部、尾声几部分，围绕事件、人物和他们的一系列代表作品展开。作品有莫五平的《凡Ⅰ》《凡Ⅱ》（室内乐），陈其钢的《水调歌头》（男中音与室内乐队），郭文景的《狂人日记》（歌剧）、《社火》，瞿小松的《俄狄浦斯之死》（歌剧）、《易》，谭盾的《道极》（管弦乐）等。

（二）新时代文化上存异求同才能实现民族存在的价值

新时代，走出国门的乐团和演出团体越来越多，通常乐团的艺术总监由指挥家担任，他们是乐团的核心人物，其视野和眼光尤为重要，决定着乐团演奏的作品和音乐发展方向，他们也是连接中西方音乐的桥梁。中国爱乐乐团艺术总监余隆从2012年开始，连续8年指挥纽约爱乐乐团举办中国新春音乐会，上演了大量中国作曲家如陈其钢、叶小纲、谭盾等人的作品。不仅如此，在这一期间，余隆还带了内蒙古草原的"五彩的传说"童声合唱团，藏族歌手组合和新疆音乐家古丽娜尔·伊明等民族音乐家来到纽约。他们的音乐纯正、优美，好像天籁感动了全场，好多观众流下了眼泪……

2019年，中国爱乐乐团还实现了一个非常有创意且耳目一新的系列演出——"中国之夜"系列音乐会。几位中国著名的指挥家与世界著名交响乐团合作，演出诞生在不同时代背景下的中国作品。

中央音乐学院连续三年在纽约举办"中央音乐学院作曲家新作品音乐会"，在林肯艺术中心、卡内基音乐厅等首演。2019年12月13日，著名指挥家、中央音乐学院院长俞峰带领中央音乐学院交响乐团赴美国纽约卡内基音乐厅举办专场音乐会，并在纽约市参加一系列文化交流与展演活动。本次音乐会上演的作品均是在美国卡内基音乐厅第一次进行演出。作品多以民族乐器协奏曲为主，这种民族乐器与西方管弦乐团协奏的形式对于西方音乐文化来说是独一无二的，既有西方人熟悉的表达方式又有东方文化独有的神韵。如《聆籁》(贾国平)、笙协奏曲《云川》(秦文琛)、竹笛协奏曲《牡丹亭》(郝维亚)、《美丽乡村》(叶小纲)、《仓才》(唐建平)、琵琶协奏曲《袖剑与铜甲金戈》(陈丹布)、《黑光》(常平)、竹笛协奏曲《愁空山》(郭文景)。[1]乐评人兼音乐专栏作家琳达·奥尔特（Linda Holt）在《纽约古典评论》(*New York Classical Review*)上发表了《来自北京的音乐学院管弦乐队在美国的首演提供了中国音乐的范本》(*Beijing Conservatory Orchestra Provides a Sampler of Chinese Music in U.S. Debut*)一文。在高度评价音乐会质量之余，文章认为本场音乐会"为西方观众打开了中国音乐创作和表演的视听新世界"，"为中国音乐的海量当代音乐创作提供了启迪"。俞峰受邀前往美国中文电视台（Sino Vision）参加《纽约会客厅》栏目的单独访谈。他在采访中谈道："从2017年至今，学校连续三年在纽约举办'中央音乐学院作曲家新作品音乐会'。通过将优秀的作品集中展示，用集体的力量发声，比单个个体更具有影响力……将当代中国'最先进'、最杰出、最有价值的音乐作品推向世界，并借助音乐作品，不断推动优秀的中国文化走向世界……"中央音乐学院赴美的系列演出之行还包括在纽约第五大道曼哈顿施坦威展示大厅的"高山流水——中央音乐学院中国传统音乐会"以及"中央音乐学院民族音乐教学点"，致力于推广中华民族优

---

[1] 参见黄宗权《俞峰院长率团开启美国卡内基之行，奏响央音之声！》，2019年12月11日，中央音乐学院网站（http://ccom.edu.cn/xwyhd/xsjd/2019f/201912/t20191211_64454.html）。

秀传统音乐文化。音乐会上，张强、郑杨、范临风等音乐家为纽约爱乐者呈现了《晋调》（笙）、《塞上曲》（琵琶）、《鹧鸪飞》（笛子）、《冬猎》（笙）、《高山流水》（琵琶）、《梅花三弄》（竹笛）、《微山湖船歌》（笙）、《瀛洲古调》（琵琶）、《喜相逢》（竹笛＆笙）等中国经典曲目。演奏家精致典雅的演绎让现场观众再次感受到中国文化的超凡魅力。[1]

2002年，叶小纲创立了"北京现代音乐节"，经过十几年不懈努力，现在已经发展成为中国现代音乐面向世界的文化品牌。不仅如此，"北京现代音乐节"还逐步建立起国际化文化艺术交流平台，形成演出、教育、交流三大板块的特色发展模式，逐步成为全球受瞩目的现代音乐节。这为提升中国音乐文化在国际社会的地位做出了重要贡献，也为中国当代音乐的发展及其与世界文化的交流做出了重要贡献。2013年9月22日，由中华人民共和国教育部、国务院新闻办、文学艺术界联合会、中国海外交流协会四个部级单位以及北京演艺集团、美国底特律交响乐团联合主办的叶小纲"中国故事——大地之歌"音乐会在美国林肯中心盛大上演。音乐会演完，艾弗里费舍音乐大厅掌声雷动，观众向这位音乐家致以最崇高的敬意。

---

[1] 参见黄宗权、王歆《我校音乐家在纽约开展系列学术交流和艺术展演活动》，2019年12月15日，中央音乐学院网站（http://ccom.edu.cn/xwyhd/xsjd/2019f/201912/t20191216_64623.html）。

时任纽约市市长布隆伯格为音乐会发来贺信说:"作为世界艺术之都,纽约市非常骄傲能够成为底特律交响乐团与著名作曲家叶小纲合作音乐会的举办地。此次音乐会展现了在纽约创作与分享作品的艺术家的多样性。'大地之歌'音乐会使纽约居民以及来自世界各地的游客能够有机会欣赏当代中国最卓越的作曲家之一叶小纲的音乐作品。同时,此次音乐会提供了深入了解中国文化教育的机会。""中国故事"开启了中国现代音乐海外巡演的大门,是中国文化走向国际的一个大事件。自此,"中国故事"系列个人作品音乐会作为中国音乐"走出去"的重要项目之一,已在美国纽约林肯中心,德国萨尔布吕肯、慕尼黑和柏林,英国伦敦,哥斯达黎加首都圣何塞,秘鲁首都利马,爱尔兰首都都柏林等多个国家举行专场音乐会20余场,为中国当代音乐在国际上赢得了巨大的声誉。[1]

中国的文化艺术发展已经到了关键期。中国几千年的音乐传统是今天音乐发展的营养和基础,中国传统文化孕育着中国的当代音乐。世界变成了地球村,科技、金融可以趋同,但文化不能趋同,人的思想也应各自独立而多元化,存异求同才能使这个世界更为平衡且具有丰富性。文化的多元性表明文化

---

[1] 参见王思北《"龙声华韵——中国故事"叶小纲作品专场音乐会在京上演》,2019年6月1日,人民网(http://www.culture.people.com.cn/nl/2019/0601/cl013-31115112.html)。

既相互关联又各自独立。经济一体化和文化多元化并存，文化要进入现代文明体系实际上是一个痛苦而长期的过程。前一百多年我们都在学习西方，从古典音乐、浪漫音乐到印象派音乐。改革开放之后，出现了一批载入中国音乐史的作曲家、指挥家、理论家和表演家。中国老一辈音乐家从20世纪初开始探索，如果没有他们的努力，就没有今天当代音乐的发展。

正如李西安先生在《移步不换形与涅槃而后生——关于中国音乐发展对策的思考》一文中，将传统的变异比作"移步不换形"（梅兰芳先生语），将创造新的传统比作"涅槃而后生"，进而在充分肯定"移步不换形"的同时，更强调"涅槃而后生"："一个有希望的民族，一个从沉睡中惊醒而要步入新世界的民族，就要有凤凰那样的气概，自己啄来树枝，自己点燃熊熊大火，再投身到火堆中，焚烧自己衰老的躯体，在烈火中求得新生。"

余隆：
我们这代人的心里
多少都藏着些英雄情结

被采访人：余隆、陈怡、杨慧
采访人：吴林励
时　间：2016年11月8日
地　点：美国北卡罗来纳大学教堂山分校纪念堂音乐厅

作为指挥家、音乐活动家的余隆是三个顶级团体的"掌门人"：中国爱乐乐团的艺术总监，上海交响乐团和广州交响乐团音乐总监。他也身兼香港管弦乐团首席客座指挥、上海夏季音乐节联合总监。早于1998年，他创办了北京国际音乐节并担任艺术总监至2017年，后又继续担任艺术委员会主席至今。此外，余隆还担任中国音乐家协会副主席及中国音乐家协会交响乐团联盟主席。

余隆曾指挥中国爱乐乐团，在教宗本笃十六世亲临现场见证下，首登梵蒂冈保罗六世礼堂演出，这场意义非凡的音乐会是增进东西文明交流互动的里程碑式事件。2014年，余隆带领中国爱乐乐团在伦敦皇家艾尔伯特大厅BBC逍遥音乐节献演，数以百万计的英国观众通过不同的方式观看了音乐会。

自2009年始，余隆执掌上海交响乐团至今，成就斐然。2014年，上海交响乐团音乐厅落成；同年，余隆与上海音乐学院及纽约爱乐乐团一道，共同创建上海乐队学院。这是中国第一所为管弦乐手设立的研究教育机构。此外，应纽约爱乐乐团邀请，余隆作为该乐团国际顾问委员会的成员，与其他11位音乐倡导者和音乐大使协力推动各国音乐家及音乐机构深化国际交流。2018年6月，余隆与德意志留声机公司（DG）签订独家代理合同，成为DG旗下首位中国指挥家，为上海交响乐团取得全球发行与供应的合作关系。2019年，余隆率上海交响乐团世界巡演，亮相BBC逍遥音乐节、阿姆斯特丹音乐厅、爱丁堡国际艺术节、拉维尼亚艺术节以及卢塞恩音乐节。

2003年，余隆成为广州交响乐团音乐总监，并带团先后到欧洲、美洲、大洋洲、非洲及中东等地演出。2017年1月，广州交响乐团创办首届广东国际青年音乐周，在演出与教育的对话中"开启世界与中国交响乐新的篇章"。音乐周由余隆亲自担任艺术委员会主席。

余隆还活跃在国际舞台上，如纽约爱乐乐团、芝加哥交响乐团、费城管弦乐团、洛杉矶爱乐乐团、蒙特利尔交响乐团、巴黎管弦乐团、班贝格交响乐团、汉堡国家歌剧院乐团、柏林广播交响乐团、北德广播交响乐团、慕尼黑爱乐乐团、悉尼交响乐团、BBC交响乐团、英国爱乐乐团、东京爱乐乐团和新加坡交响乐团等都曾经在余隆的指挥下演出。

余隆获得的国际上的荣誉，其中包括2002年由德国万宝龙文化基金会颁发的"万宝龙卓越艺术成就奖"，以及2003年获颁的"法兰西文学艺术骑士勋章"。2005年，意大利政府授予余隆"共和国骑士勋章"；2014年，受法国政府颁授代表最高荣誉的"法国荣誉军团勋章"；2015年，获美国大西洋理事会"全球公民奖"以及耶鲁大学音乐学院的"桑福德奖章";2016年,被选为美国艺术与科学院的外籍荣誉院士,并获得德意志联邦共和国十字勋章。

2016年11月,中国爱乐乐团的艺术总监、首席指挥余隆和团长李南带领乐团北美巡演,并于11月8日来到北卡罗来纳大学教堂山分校倾情演出。那晚,中国爱乐乐团在美国首演了华裔作曲家陈怡的新作品《四灵》和肖斯塔科维奇的《第五交响乐》。中国著名的交响乐团来美国主流大学演出的消息在教堂山引起了不小的轰动,当晚音乐会的气氛格外热烈,观众掌声雷动,音乐家们的表演精妙绝伦。碰巧当时笔者正在这所大学访学,由此得以采访指挥家余隆、作曲家陈怡、华裔钢琴演奏家杨慧,留下了那些触动心弦的瞬间……

吴林励(以下简称"吴"):余总监您好!中国爱乐乐团来到北卡罗来纳大学教堂山分校演出还是第一次,这个消息的确在这儿很受关注。您这次巡演的开场曲目都是中国当代交响乐作品,让世界听到了中国的声音。请您谈谈在国际的舞台上推广中国音乐作品的感受。

余隆(以下简称"余"):今天上半场演出的是陈怡女士的新作品《四灵》,是美国首演。前几天在旧金山演出的是陈其钢的作品《失乐园》。中国的文化底蕴深厚,特别是有很高级的那一部分。我不希望西方人对中国文化的联想只是来源于

北卡罗来纳大学教堂山分校拥有 200 多年历史的音乐厅

西方国家的中国城。现在中国了解世界远远多于世界了解中国。中国有那么多好的音乐，把中国的故事、中国的文化带给全世界去欣赏，是我们不可推卸的责任。

吴：我看到几天前美国主流媒体《旧金山纪事报》约书亚·科斯曼有这样的评论："这场音乐会是以一首绚丽而迷人的陈其钢作品开场的。乐曲有些类似于带有两个主题的幻想曲，其中一个主题是内容丰富而梦幻般的，另一个主题则有着活泼的节奏。陈其钢在全曲里运用了两段主题的不同形式的组合。两段主题更多是在多次重复，而不是呈现新的变化，但是作曲家在声音材质方面的深度（乐曲为弦乐、竖琴、钢琴与打击乐所作）以及在表达上的即时性使得听众被吸引……乐曲开头部分是充满魅力的中国古典式的领域，辅以大量的竖琴装饰以及温和的弦乐滑音。而作为音乐会的返场，中国爱乐乐团演奏了一首短小的民间旋律，这段旋律原本是为二胡所作，为管弦乐团演奏而改编的。……余隆诠释'新世界'交响曲的方式是十分大胆的。大气磅礴的弦乐声部是他手下这支乐团的荣耀：它音量恢弘，乐手们如旋风般扫过乐句的方式使得听众感觉就像在乘车兜风。铜管声部音色则是宏大、野性且激动人心的……"

余：目前，西方对中国作品的认知和接受还有一点距离。国际主流的观众对中国音乐的好奇心大于理解力。这就需要音乐工作者们不仅仅停留在理论层面上思考，还应身体力行，多去实践、创作和推广中国音乐。每个人都积极地将本职工作做到位，更进一步完善中国音乐的发展体系。

吴：这些年您为什么热衷于推广大量当代交响乐作品？您从2012年开始，每年一度指挥纽约爱乐乐团举办"中国新春音乐会"。这也是纽约爱乐乐团从未有过的项目。纽约爱乐乐团创建于1842年，是美国最古老的交响乐团。它的历史与

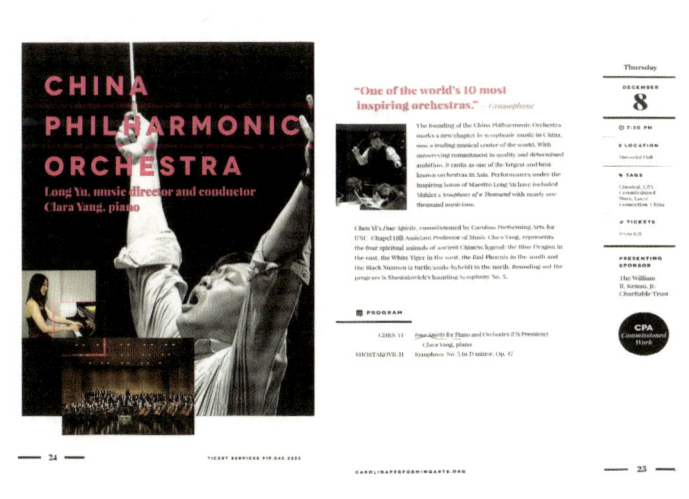

2016年11月8日晚演出的节目单

世界上音乐发展的过程中一个又一个举足轻重的名字都有着紧密的联系。这些系列新春音乐会中，上演了大量中国作曲家如陈其钢、叶小纲、谭盾等人的作品。李焕之的《春节序曲》经常被用来作为开场曲目。旅法华人作曲家陈其钢因昆曲而来的灵感创作的小号协奏曲《万年欢》也因此在美国首演，被乐队里享有"世界最美古典小号手"艾莉森·巴尔松演奏得出神入化、动人心弦……陈其钢说："成年后听到这个旋律总会勾起儿时的回忆，因此产生了将这个曲调用西方乐器小号表达出来的动因。"您在这个乐团举办了8年的中国新春音乐会，在美国带来的影响力可以说是不言而喻的。

余：古典音乐在中国还没有太长的历史，恰恰是现代音乐让我们和西方音乐的发展站在了同一个起跑线上，所以它更应该受到保护并进行积极有力的推动。但创作出好的交响乐作品是可遇而不可求的。现在优秀的中国当代交响乐作品还不够多，我经常鼓励作曲家特别是年青一代的作曲家多创作这类作品。

吴：您曾经提道："第一个推出'中国概念'的就是北京国际音乐节，而且，每一代的作曲家音乐节都要推广下去，目光不能仅仅停留在叶小纲、郭文景、陈其钢这些大师身上，也要为每一代作曲家提供机会。"北京国际音乐节会青睐什么样的当代音乐创作?

余:首先,我认为一切都要符合国际标准。设定标准很重要!是"标准"(standard)这个词,不是指"目标"(target),就好像使用电器一定要注意它的额定电压,如果电压过高或者过低,电器就会受损甚至爆炸。其次,我认为音乐要有个性。

吴:这些年北京国际音乐节推出的当代音乐作品在"国际化"和"本土化"这两方面都做出了特色。例如:《潮》《长城交响曲》《西藏之光》(叶小纲),《五行》《蝶恋花》《逝去的时光》(陈其钢),"中国当代歌剧之夜"中的《狂人日记》(郭文景)、《夜宴》(郭文景)、《咏·别》(叶小纲)、《赌命》(温德青)、《走进紫禁城》(谭盾)、《韵》《柯林斯读中国诗集》(周天)、《跳塔郎泰拉舞的某蟑螂》(杜韵),等等。

余:其实,我认为这件事一直是几代人在做的。中国人的交响乐之梦从萧友梅、黄自、赵元任等学贯中西的前辈就有了,后来的黄贻钧、李德伦、陈佐湟都在推广中国当代音乐,这是一个长达百年的梦,伴随着几代音乐家的理想、努力和追求。我想我正好处于这样的一个好时代,20年来又专注在做这件事情,因为做的事情多了,所以才会显得突出。

还有,北京的确在中国文化发展史上有着特殊的地位。

这儿有着中国最优秀的人文环境，可以说，北京音乐文化的繁荣能和世界任何一个城市相比。北京国际音乐节成立于1998年，北京人对音乐的感受、需求都很强烈。近20年来，音乐节已经得到了越来越多人的理解、支持和热爱。它有一套专业的音乐管理商业运作模式。其实也谈不上创意，只是我当年到了北京，希望"音乐节"的理念能够在这儿实现。它每年的主题变化都来自很专业的判断，不过专业并不等于职业，音乐节本身是一整套很专业、很系统的工程，也是具有广泛而深厚文化内涵的社会活动。这些年"音乐节"也力求从不同的视角去展现音乐文化。

吴：指挥是一项很辛苦的工作，音乐节更需要付出巨大的精力，您持之以恒地坚持了多年从事这些工作，有点像"超人"。这深层的原动力来自什么？

余：我想真正深层的原动力首先是对文化的热爱。我上大学的时候，对文化的兴趣和求知欲很强，我宁可少练琴也会去听哲学、美学、戏剧、心理学等课程。后来去了德国留学，那儿是古典音乐的大本营，也是哲学、音乐、建筑、现代艺术、现代戏剧的发源地。在那里的学习与生活，让我学会了一个指挥家、音乐家应该如何去工作，怎样去完备自己整体的学识修养和综合素质能力，真正成长为像一棵参天大树一样的艺术家。

其次是我们这一代人都会有些使命感,对社会有愿意承担的信念,内心多少都藏着些英雄情结。我的外公丁善德是我艺术生涯的引路人,我从小在他身边长大。他在上海音乐学院工作了那么多年,他的处事作风、待人接物、坚持原则等,我都耳濡目染,这对我事业发展的影响也很大。

吴:谢谢您!预祝今晚的演出圆满成功!

音乐会上半场演出的钢琴协奏曲《四灵》由华裔作曲家陈怡教授创作。她是一位才华横溢的作曲家,在当今世界乐坛

2016年11月8日,中国爱乐乐团的演出深受欢迎

上颇有影响。我也对她进行了简短采访。

吴：陈怡教授，您新创作的这首钢琴协奏曲《四灵》，2016年年初由中国爱乐乐团在北京中山音乐堂首演，今天再由中国爱乐乐团在美国北卡罗来纳州演出，请您介绍一下这部作品好吗？

陈怡：我简短地介绍一下这部作品：这部作品中的"四灵"是中国古代传说中的灵物，我的创作灵感来自中国古代传说中的四大神兽——东方的青龙、北方的玄武、西方的白虎和南方的朱雀，也正是乐曲四个乐章的标题。这四个乐章的音乐形象非常鲜明，第一乐章我对东方的着笔很重，音乐语言上会有一些具象的描写。第二乐章是北方的玄武，传说中是北方一种龟蛇合体的神兽。我会凸显音乐的张力，来描绘北方漫漫苍茫、深邃、沧桑而神秘的意境，用铜管音块低沉的音响来衬托这种阴森神秘的气氛，用钢琴的多声部织体来描绘玄武神兽的意境。第三乐章是西方的白虎的描写，这里钢琴用的音域是两个极端音区，塑造白虎既机灵又有威力的形象。第四乐章描绘南方的朱雀，音乐形象是飞扬的。

吴：《四灵》这部作品用四个乐章生动的音乐形象来探索东方文化的神韵，惟妙惟肖、栩栩如生……我记得您曾经说

演出现场,第一排右起为余隆、陈怡和杨慧

过:"作为中国人,最重要的是寻根,要用自己的语言跟别人交流,告诉世界我们的文化,让世界听到我们的声音。"

当晚音乐会座无虚席,演出结束时,全场起立鼓掌欢呼,为中国的音乐家们喝彩!之后,我采访了演奏《四灵》的华裔钢琴独奏家杨慧,她在北卡罗来纳大学音乐系钢琴教研室任主任,是一位极具有才华、能演绎多种音乐风格的音乐家。

吴：您分别在中国北京和美国教堂山演出了作曲家陈怡的钢琴协奏曲《四灵》，请您谈谈对这首作品的感受。

杨慧（以下简称"杨"）：我刚拿到这首新的协奏曲时不太能想象和乐队演奏会是什么样。很希望想象出它的整体音响效果，所以我一直在学习总谱。我一直在看它的细节，分析这首曲子的不同点。这首曲子很独特，和我弹过的所有协奏曲都不一样。一般的钢琴协奏曲钢琴和乐队部分的主、次会很分明，比如莫扎特、贝多芬，一直到肖邦，更是完全以钢琴为主。20世纪钢琴协奏曲像普罗科菲耶夫、拉赫玛尼诺夫，也就是乐队的部分可能更丰富一些。你听拉赫玛尼诺夫的钢琴协奏曲，能听出乐队有很多地方依然是具有伴奏性质的，只是在钢琴不是主要部分的时候才会出来。但是陈怡这首曲子完全不一样，乐队的力量特别大。钢琴和乐队的音乐个性都得到了充分展现，但又能完全、巧妙地融合在一起。

吴：这部作品突出了乐队的交响性。

杨：对，作品因此也显得非常有戏剧性，钢琴部分尤为突出，作品强调钢琴的威力，音域从钢琴的最高音到最低音几乎全都用了。而且，钢琴非常具有色彩性，钢琴部分从头到尾没有什么空白，几乎一直要和乐队完全地融合在一起，相得益彰。相对于其他钢琴协奏曲，如果独奏家很棒，乐队不算特别好，也是可以接受的，因为乐队部分不是那么突出。这首作品却反之，乐队和钢琴需要紧密地"交融"和"互应"，就像不可拆分的一个立体的结构。

吴：是的，另外这首乐曲的每一个乐章都有标题，像"青龙""玄武""白虎""朱雀"，音乐形象很鲜明。

杨：我认为这首曲子是东西方文化结合的经典，运用了中国民族音乐的民间素材。它的和声、语言、运用的材料都是民族的，音乐形象极为生动。

吴：《四灵》中应用的大部分音高、节奏材料等都取材于中国传统乐曲《老八板》。

杨：是的，这些音乐素材很传统但却非常有个性。作曲家陈怡对东西方两种文化都很精通，她能运用各种作曲技术把它们结合得精妙绝伦。观众丝毫不会有"中不中、洋不洋"的感觉。第一乐章《青龙》，一开场的场面非常壮观，我感觉整个乐队好像托着钢琴往天上飞，特别好！

吴：就好像龙王。在中国，龙王是一种祥瑞的象征。

杨：所以我必须得把这种壮观的、威武的感觉表现出来，要不然乐队的音响就会令人奇怪了。这一段有很多半音阶的上行，两只手要弹得飞快，就像青龙在往天上腾飞……这段有一个很强壮的低音，就像击中了低音大锣的正中心，我的踏板也一直踩着，真的是在云彩里飞翔，开阔极了！第一乐章中，钢琴还有一串音区很高的音组，我弹着就像在腾云驾雾。这一章有特色的是半音音阶、全音音阶、四度，等等。

吴：很有趣，所有的技法都是为了形象生动地表现出青龙的形象和青龙出场的那种动态的意境。

杨：没错，生动形象。对我来说，有两点很重要。第一，情感是最重要的，要能打动人心！当然这里面也包含了各种情绪，高兴、不高兴、生气、挣扎……各种各样的，这些也很重要。第二，是表现流动的动态。怎么表现这些动态？是慢慢地动还是在飞快地动？是从上往下滑行，还是慢慢地向上爬山？或者艰难地爬山？是在冰上滑的感觉还是在泥里走的感觉？对于我来说，表现音乐里的这种动感非常重要！这是可以用物理学来解释清楚的，表现动作的动态。《四灵》这部作品在这方面描写得特别棒！第一乐章《青龙》，完全在描写龙的动态。第二乐章《玄武》写得非常现代，有很多不协和的和声，有半音、全音交替，非常色彩化，就像在讲一个童话故事。这两个乐章有很强的对比性。第二乐章很独特、有个性，而且也不缺乏情感，但并不是我们理解的那种抒情性，就是好像很放松地在那儿歌唱。我弹这段给你听（示范了几小节）……

吴：这一段的和声好像在描绘一种意境，也许在制造一种氛围。

杨：没错，而且是通过色彩来描绘，很有色彩性。这一段有特别多不和谐的和声，而且越来越低、越来越往下走，你感觉情绪上也是有点挣扎，也有一些力量，描绘出一种神秘的意境和氛围，很有戏剧性。弹奏时需要充满了想象力，才能更好地表现到位。

吴：玄武是想象出来的一种神兽，这段音乐神秘、幽远，就像在森林里迷路了。

杨：哈哈，是有点像在森林里。这一乐章的结束部分又回到开头，首尾呼应了。第三乐章《白虎》中加了很多半音的装饰音，速度很快，音域从钢琴的最低音跨越到最高音。这是在表现"白虎"的力量，声音很有威力、很强烈。这段节奏也比较复杂，钢琴和乐队有许多"对话"，特别是节奏上的互动、音量变化上的互应，从远处传来微弱的声音一直发展到接近于疯狂的音响（示范了一段）。

吴：这里好像不断地在积累某种力量，一直凝聚到了最高点。

杨：是到了全曲的高潮段落。第四乐章《朱雀》表现了朱雀轻巧、机灵和有趣的形象。这个乐章和前三个乐章搭配得很绝妙，过渡自然。音乐的感觉很轻，但又不是轻快，还是有些力量在里面。虽说它的情绪与龙、虎的气势相比是弱了一些，但也不能轻瞧它。因为朱雀给人的感觉是特别机灵和有趣，你听这段，有些喜悦的情绪跳出来了……

吴：好像在玩耍，还有点炫技……

杨：是的，很高兴的，这一小段的音乐形象特别帅……之后音乐又开始积累那股力量，逐渐地，我感觉朱雀又变成了一只威武的大鸟，作品要接近尾声了。我当时练完这首作品弹给陈怡老师听，她并没有说太多，只是说挺好，让我自由发挥，可以再多一些戏剧性，把那种鸟、兽的精气神的特质再表现得多一些。这场演出中国爱乐乐团表现得出奇地好，我们配合得很默契。当然这也多亏了我们曾经在北京中山音乐堂有过一次磨合的经验。有些音乐真是需要时间去反复体会的。比如我现在觉得《青龙》这一乐章，我可以表现得更自由一些。第二乐章《玄武》，怎样才能把音乐处理得更不一样，情感的成分更多一些，有些地方该怎样拿捏得更恰如其分，我也领悟得越来越深刻。北京的那次首演对我来说是刻骨铭心的，所以这次我才有了更深的体会。

吴：理解现代音乐就得理解作曲家的创作意图。

杨：的确，演奏现代作品要理解作曲家的逻辑，理解他创作的艺术形式。但不是作曲家逐句地要求我怎样弹，那样音乐就死了，那还要演奏家干什么？我曾经演出美国现代作曲家菲利普·格拉斯的作品，当时我们有过一些交流，他说得特别好！他说："我这个音乐就像莫扎特的音乐，强弱表情记号并不多，你有很多自由的想象空间。"我很开心作曲家让我在演奏中有想象的空间，这对于专业乐团也是有益的，因为这不像莫扎特、贝多芬有许多版本可以参照，当代音乐作品更多的是需要演奏家们在一起打磨，相互配合，甚至直到演出那天，你才能感受到作品的真实面貌，所以与专业乐团合作演出是一个很有意思、很有创造力的过程。

吴：您在大学里任教多年，美国的年轻人、大学生们喜欢当代音乐吗？

杨：这要看是哪个学校的学生了，学生们喜欢跟着老师走。我的思维比较开放，我喜欢和作曲家们一起琢磨作品，反复讨论。最近五年，当代音乐特别火，任何音乐会都会加入新音乐作品，越来越多的人对此感兴趣。我认为现在大家的想法越来越趋向开放，喜欢新奇的东西。不过，当代古典音乐给谁听，这是个值得探讨的问题。现在大家越来越追求让古典音乐给不同类的观众听，所以很多人会喜欢古典音乐和流行音乐，或别的艺术形式相结合，用跨界的方式。

吴：这样可以探索传统和当代人的关联性。

杨：是的。你知道我们学校有艺术中心。每年全世界最著名的交响乐团都会来演出。但来听古典音乐的观众年龄都偏大，尤其老人爱听。所以艺术中心总监埃米尔·康教授每年还会介绍很多新音乐，让人们一点点地、在不知不觉中接受它。现在大学生们也会去找自己喜欢的、各种不同的新音乐。在美国像马友友的"丝绸之路"火了那么多年，因为美国非常喜欢多元文化，大家对文化交流的活动都比较感兴趣，在艺术上比较包容不同的声音，所以艺术也相对比较活跃。

演出结束后,音乐家们欢聚一堂

演出结束后,笔者(左二)与余隆(左三)、陈怡(左一)等合影

◇ 延伸阅读

2000年,余隆参与创建中国爱乐乐团,并任艺术总监、首席指挥。指挥是乐团的灵魂人物,是乐团的枢纽,他们的视野和眼光尤为重要,决定着乐团演奏的作品和音乐发展方向。他们也是中西方音乐交流的桥梁。2019年,中国爱乐乐团实现了一个非常有创意且令人耳目一新的系列演出——"中国之夜"系列音乐会。音乐会让几位中国著名的指挥家(华裔)与世界交响名团合作,演出诞生在不同时代背景下的中国作品。先后由许忠、张国勇、谭盾、汤沐海(华裔)、夏小汤、谭利华指挥英国皇家爱乐乐团、俄罗斯马林斯基交响乐团、美国费城交响乐团、意大利斯卡拉爱乐乐团、新日本爱乐乐团、法国图卢兹国家管弦乐团。这是庆祝中华人民共和国成立70周年——世界著名交响乐团与中国爱乐乐团国际合作项目。从立项开始的2019年7月底至10月底获得中国及海外媒体的极大关注,各类媒体持续报道。海内外观众在Facebook、Instagram、微信等社交平台上转发评论达上万条以上。在英、美、俄、意、日、法六个国家的重要交通枢纽和人员密集点投放广告百余处,宣传单页及海报超过30万张,日均人群覆盖率高达100万人次以上。超过100家媒体争相报道,创下了近万名观众在现场、数十万人在线观看的纪录,上座率近95%。

世界最大的古典音乐在线直播平台 Medici.tv 对俄罗斯马林斯基交响乐团和法国图卢兹国家管弦乐团的两场"中国之夜"进行了全程同步直播。张国勇与马林斯基交响乐团合作的那一场,有 72 个国家的 395 个城市的近 25000 名观众观看了演出视频,其中播放量最高的前十位国家有美国、法国、俄罗斯、英国、西班牙、中国、日本、意大利、加拿大、以色列,平均观看时间为 37 分钟。谭利华与法国图卢兹国家管弦乐团的那一场,有 50 个国家的 262 个城市的近 20000 名观众观看了演出视频,其中播放量最高的前十位国家有法国、美国、中国、西班牙、以色列、德国、英国、加拿大、意大利、日本,平均观看时间为 48 分钟。[1]

第一场许忠指挥英国皇家爱乐乐团在英国伦敦巴比肯中心音乐厅举行,由青年钢琴演奏家万捷旎担任钢琴演奏,共演出了《中国序曲》《黄河协奏曲》《交响组曲:黔岭素描》和《五行》4 部中国交响作品。

第二场在俄罗斯圣彼得堡马林斯基,由上海音乐家协会副主席,中国音乐家协会副主席,上海音乐学院教授、指挥系主任,上海歌剧院首席指挥、青岛交响乐团艺术总监张国勇执棒。音乐会精选了一组包含中俄民族元素、独具本国文化风情的曲目,其中包括作曲家王西麟极富中国少数民族特色的风俗性交响套曲《云南音诗》的第四乐章

---

[1] 中国爱乐乐团:《六场演出、近万名观众,数十万人在线观看:"中国之夜"奏响世界》,2019 年 11 月 9 日,搜狐网(http://www.sohu.com/a/352718746_308021)。

《火把节》；由曾韵担任圆号独奏演绎的俄罗斯民族乐派后期重要代表人物格里埃尔富有里程碑意义的《圆号协奏曲》；由韩雷担任管子独奏演绎的作曲家赵季平佳作、大型民族管弦乐队的保留曲目《丝绸之路》幻想组曲。

第三场在美国费城金梅尔表演艺术中心，由国际知名作曲家、指挥家、联合国教科文组织全球亲善大使、国际乐坛最重要的音乐家之一谭盾执棒。歌剧《尼克松在中国》序曲《主席之舞》拉开音乐会序幕；由谭盾作曲的三重奏《卧虎藏龙》体现中国英雄情义；郭雅志担任独奏的关峡《百鸟朝凤》淋漓尽致地展现民族乐器的灵动；谭维维带来的《中国故事—高腔—水腔—吟腔—秦腔》体现了中国原生态与西方古典交响的融合碰撞。《费城问询报》如此评价这场演出："晚会生动活泼，华丽得就像古老中国的丝绸。"费城交响乐团总裁兼首席执行官马提亚斯·塔尔诺波尔斯基表示："这是一个非常有意义的夜晚，一个探索中美音乐文化的伟大合作之夜。"

第四场在意大利斯卡拉爱乐乐团米兰达威玛剧院，由中国交响乐团荣誉指挥，天津歌剧院、哈尔滨交响乐团和广西交响乐团艺术总监汤沐海执棒。演出曲目包括刘铁山、茅沅作曲的单乐章管弦乐曲《瑶族舞曲》；由宁峰担任小提琴独奏，由何占豪、陈钢作曲的中国著名小提琴协奏曲《梁祝》；以及叶小纲的新作第七交响曲《英雄》。中国驻米兰领事馆文化总领事高鲁鹏感慨道："音乐是无国界的，音乐能够促进中意两国人民的交流，所以我们也希望这样的活动能够越来越多。"

第五场与新日本爱乐乐团在东京歌剧院,由中央音乐学院指挥系教授、中国青年交响乐团首席指挥和中国爱乐乐团常任指挥夏小汤执棒。音乐会由《红旗颂》开场,随后上演了《金蛇狂舞》《帕米尔春晨》《阳光照耀着塔什库尔干》和《丝路瞬间小品四首》等曲目。还有小提琴演奏家吕思清独奏沙汉昆创作的《牧歌》,二胡演奏家姜建华献演了由吴厚元创作的《红梅随想曲》,吕思清独奏《牧歌》。

第六场与法国图卢兹国家管弦乐团在图卢兹谷物广场音乐厅,由中国音乐家协会副主席、国家大剧院艺术委员会副主任、中国交响乐发展基金会副理事长、著名指挥家谭利华执棒。演出了郭文景的《莲花》,张千一的《云南随想》,陈其钢作曲、李坚演奏的钢琴协奏曲《二黄》,以及周龙的交响组曲《京华风韵》。[1]

陈怡是一位才华横溢的作曲家,不仅在中国的女作曲家中出类拔萃,在当今世界乐坛上也颇有影响。1996 年,她被美国霍普金斯大学皮博迪音乐学院聘任为全职作曲教授,是继周文中、盛宏亮之后美国第三个华人作曲教授。她在学校里开设"多元文化影响的现代音乐创作"研究生课程,把东方和非欧音乐文化引进美国的主流音乐教育。1998 年,她任美国密苏里州立大学音乐院终身教授;2001

---

[1] 中国爱乐乐团:《六场演出、近万名观众,数十万人在线观看:"中国之夜"奏响世界》,2019 年 11 月 9 日,搜狐网(http://www.sohu.com/a/352718746_308021)。

年，获得艾夫斯作曲家奖；2005年，入选美国国家艺术与科学院终身院士。她将东西方文化融会贯通，打破传统疆界，创作出大量独具特色的音乐作品，被世界各地的著名音乐家及交响乐团在重要音乐节和音乐会上演及录制唱片，也是首位在美国举办个人专场多媒体交响作品音乐会的女作曲家。她还曾接受世界著名音乐机构委约为大提琴家马友友，小提琴家梅纽因，打击乐家葛兰妮与新加坡交响乐团，克利夫兰和德莱斯顿管弦乐团，英国皇家爱乐乐团及欧美众多乐团与合唱团作曲。

《多耶》(1984)是陈怡的成名作，有钢琴版(1984)和室内管弦乐版(1985)，后者1989年由BBC演奏。这首作品的灵感来自中央音乐学院作曲系组织赴广西采风的活动，当时她入学还不久。作品以广西侗族民间歌舞"多耶"为素材而创作。侗族是一个能歌善舞的民族，"多耶"是广西侗族的圆圈舞，意指"唱起来，跳起来"，一领众和，领的部分是旋律、歌词即兴性强。这首作品的结构为"带三部性的自由变奏曲式"，吸收了一些民间的作曲技法，采用自由无调性写法。这首作品入选"20世纪华人经典"。陈怡去美国读书后，1992年创作并首演了管弦乐作品《烁》。《烁》全曲由11段组成(A—L)，除E、F、G、H段外均用了《八板》的结构、旋律以及和声。《八板》又称《老八板》，这种器乐曲在我国民间流行很广泛，多用于轻松、热情、活泼的舞蹈场面。《烁》的巧妙之处在于用了《八板》，却听不出《八板》。这首作品的结构为贯穿变奏原则的复三部曲式。68板结构节奏贯穿全曲,"无穷动"背景,犹如五光十色的万花筒,变化无穷。陈怡说:"我希望通过《烁》这首作品表达我对明亮、敏捷、热情和充满智慧的火花的印象。作品中应用的音高和节奏材料及曲调的结构设计均取材于中国传统乐曲《老八板》。"《烁》这首作品由玛丽·卡里慈善提供资金的音乐伴奏集团委约,首演于1992年10月21日曼哈顿音乐学院克莱尔·赫尔德里希指挥。1998年,陈怡为大型交响乐队创作了《动势》,由皮博迪青年交响乐团演奏。

陈怡改编的一套《中国民歌合唱》(1993—1996),其中包括《凤阳花鼓》《茉莉花》《赶牲灵》等数十首中国民歌。这套合唱曲是受美国旧金山香缇克利尔男声合唱团委约而创作改编的无伴奏合唱曲。其中包括了中国多个地区的民歌,如云南彝族儿歌、西北民歌和台湾少数民族歌曲等。作曲家在编配西北民歌《赶牲灵》时,巧妙地在主旋律声部对置拼贴了戏曲锣鼓节奏型,由人声模拟锣鼓经,而这些歌词又都用汉语拼音来演唱,效果非常风趣,既现代又有民族审美情趣,生机盎然。

丹尼斯·罗素·戴维斯：
指挥想要的声音不能强求于某一个乐队

被采访人：丹尼斯·罗素·戴维斯
（Dennis Russell Davies）
采访人：吴林励
时　间：2017年2月27日
地　点：北卡罗来纳大学教堂山分校的纪念堂音乐厅

丹尼斯·罗素·戴维斯，1944年出生于美国俄亥俄州。他在纽约的茱莉亚音乐学院学习钢琴和指挥，从巴洛克风格发展到现代风格。自20世纪80年代以来，他主要活跃于德语国家，此前担任奥地利林茨布鲁克纳交响乐团音乐总监，以及斯图加特的符腾堡州立剧院音乐总监七年，2006年还担任过斯图加特室内乐团首席指挥。

戴维斯现还同时担任捷克布尔诺爱乐乐团首席指挥。他曾指挥过北美和欧洲许多著名的乐团，致力于室内音乐，并活跃于钢琴演奏的行列。自2003年以来，他与妻子经常一起演奏二重奏。

我在访学期间，北卡罗来纳大学艺术中心举办了6场关于"庆祝美国现代作曲家菲利普·格拉斯80岁生日"的系列演出，来祝贺这位标志性的美国作曲家。策划这次活动的主办机构之一——伦敦巴比肯中心发言人这样说："美国战后，有这样一批作曲家以他们的创作为当代音乐的未来拓展的道路。无论是纽约的地下电影院、音乐厅，还是夜总会，菲利普·格拉斯、史蒂夫·莱克、约翰·亚当斯这三位作曲家都用他们的音乐，塑造了美国音乐的轨迹，并更新了我们聆听世界的方式。"这些演出展示了格拉斯的音乐与戏剧、舞蹈、多媒体演示等的多种结合。第一场音乐会由布鲁克纳交响乐团上演了格拉斯的小提琴协奏曲作品1号及第十一交响乐，这部作品于前一晚在卡内基音乐厅由该乐团世界首演……

因此，我有幸采访了布鲁克纳交响乐团的总监、首席指挥戴维斯。

吴林励（以下简称"吴"）：戴维斯先生您好，很荣幸欣赏到您的演出。能否请您谈谈布鲁克纳交响乐团的声音特点以及您对乐团声音标准的理解呢？

丹尼斯·罗素·戴维斯（以下简称"戴"）：关于声音这一点，当我来到布鲁克纳交响乐团，他们的声音就很好，我非常欣赏这个乐团的声音，很温暖。但是他们乐团对各种音乐风格的演绎需要更加精确。对于指挥来说很重要的一点是指挥要听，他必须很了解这个乐团的声音。你不能刚来到一个乐团，就对乐团成员说我想要一个什么样的声音。这就好像当你面对一架钢琴，你能不考虑实际情况地希望一个小钢琴有9尺钢琴的声音吗？你想要的声音以及你对作品风格理解之后想追求的声音是不能强求于某一个乐团的。因为指挥需要考虑很多情况。例如你要考虑会去哪里演出？那里空间的大小和干湿度怎样？你的速度在不同的空间，声音效果可能会不一样，而且你的速度在不同的乐团，声音效果也会不一样。当然对于指挥来说，最重要的还是理解作品，但是当你了解了乐团的声音之后，你对作品的理解多少都会做出一些调整。

吴：这场演出的曲目基本都是菲利普·格拉斯的音乐，布鲁克纳交响乐团是否经常演出现代音乐作品？

戴：我们不仅只是演奏格拉斯的音乐，我们还演奏很多其他的现代音乐，乐团首演了很多现代作曲家的作品。现在这些现代音乐和布鲁克纳交响乐团的传统音乐融合在一起了。布鲁克纳交响乐团是一个非常古典的乐团，我让他们持续地首演新作曲家的作品，其实是一件不容易的事。我认为重要的是让乐团成员去理解这些作曲家的风格，需要很尊重每一位作曲家想要表达的东西。我本人很喜欢和新的作曲家合作。如果乐团能够忠诚地、诚恳地表达作曲家的真实意图，而不仅仅是乐团的自我表现，这个乐团的声誉就会越来越高。当然理解新作品、作曲家的意图和风格，也许会有一些技术上的难度，但当这些困难解决了之后，乐团成员也会很开心。我注重让乐团演奏员相互倾听、相互感受。在乐团里，指挥是唯一的一个听觉上完全自由的人，他能听到所有人的声音关系。所以指挥要让演奏员学习相互倾听，每一位作曲家的作品对乐团演奏员都是一个挑战。

吴：这些年，您首演了菲利普·格拉斯的很多作品，您如何理解他的音乐风格？

戴：是的，这些年菲利普·格拉斯写了不少作品，但不管他怎么变，你都能知道是他的音乐。就像海顿，不管怎么变还是他的音乐语言。其实格拉斯的音乐和莫扎特的音乐有点像。谱面看上去并不难，但音乐只要稍有一点点不自然，马上就能听得出来。这对乐团音准的要求很高，乐句也需要处理得非常干净。这一点可不像演奏威尔第的音乐，他的音乐很热闹，很有气氛。即使乐团有一点音准的瑕疵，可能也不会太明显，所以乐团更需要的是持续地保持稳定，指挥应更好地帮助乐手们把声音凝聚到一起。今天我们乐团全场都演格拉斯的作品，这种情况很少。乐团已经非常熟悉他的作品，他们如果演出很成功，乐团成员就会特别高兴。格拉斯本人和这个乐团成员的关系也很亲密，他很了解这个乐团，他写的每一个声部，心里都知道是写给哪个人的。比如打击乐的那段独奏，就是他专门为那个定音鼓演奏员写的。

吴：在一个特别传统的乐团推广了大量的现代音乐作品是很不容易的，您是如何与乐团成员沟通的呢？

戴：如果他们感到指挥很认真、很投入地研究古典传统的东西，他们也会尊重你，同意你的带领。你对他们传统的乐曲非常尊重，比如贝多芬、莫扎特等，之后我才会向他们介绍新的曲子。我一直在推广现代作品，从没有停止过，我经常把新作品和古典作品融合在一起演出。现在我问乐团成员们怎么理解现代音乐，他们也会说越来越尊重、越来越信任和喜欢现代音乐作曲家了。

吴：您几乎录制了布鲁克纳全部的交响乐，他的交响乐特点是广阔的旋律、宏大的音响结构，可否谈谈您对这种音乐风格的理解？

戴：布鲁克纳经常在一个大教堂里演出，布鲁克纳逝世之后就埋在那里。布鲁克纳写的音乐和这个教堂有着重要的关系。在那个教堂里听他的音乐，你才能理解他音乐里的术语，例如自由延长记号（rubato）、延长记号（fermata）的意义，因为他希望那个声音效果会在空间环绕回来。他的音乐速度也是如此，在那么大的教堂里演奏，你不可能太快，这些音乐标记都和当时音乐厅的空间有关系。另外，布鲁克纳的音乐和他一直演奏管风琴也有些关系，他的音乐和管风琴音乐的形式很像。

弗朗茨·威尔瑟-莫斯特：
技术上的精确并不代表表达出
音乐的内涵

被采访人：弗朗茨·威尔瑟-莫斯特
（Franz Welser-Möst）
采访人：吴林励
时间：2017年2月27日
地点：美国北卡罗来纳大学教堂山分校纪念堂音乐厅

弗朗茨·威尔瑟-莫斯特出生在奥地利林茨，少年时在林茨学习小提琴并且对指挥很感兴趣，后来一场车祸导致他神经受损，致使他不得不停止小提琴的学习，专攻指挥。

莫斯特的指挥首演是 1986 年萨尔茨堡音乐节，他指挥伦敦爱乐乐团并引起轰动，因而得以在 1990 年接替著名德国指挥家克劳斯·滕斯泰特成为该乐团音乐总监直到 1996 年。1995 年到 2002 年他还担任苏黎世歌剧院音乐指导。他充分发挥了自己歌剧方面的优势，指挥了多达 27 部歌剧的首演（其中包括瓦格纳的大作，全本《尼伯龙根的指环》），由此奠定了他在欧洲乐坛"新生代指挥"中的领军地位。2005 年 9 月 1 日，他再次兼任苏黎世歌剧院音乐总监。目前，他已在苏黎世指挥超过 40 场歌剧。

1989 年，他指挥圣路易斯管弦乐团在美国亮相，受到了人们的欢迎。2002 年，他成为克利夫兰交响乐团首席指挥。9 个月之后，他的合约一下子延到 2011—2012 年乐季。2011 年，乐团方面再次宣布将与莫斯特合作至 2018 年。

2007 年 6 月，鉴于莫斯特在指挥方面的巨大成功以及其奥地利本土 2011 年维也纳新年音乐会指挥家的身份，奥地利政府任命其为著名的维也纳国家歌剧院音乐总监，接替健康出现状况的小泽征尔，任期从 2010 年 9 月开始。2010 年 6 月，莫斯特指挥维也纳爱乐演出美泉宫音乐会，受到广泛关注。

2011年，他又成功地指挥维也纳新年音乐会，得到乐迷和媒体的广泛好评。2011年维也纳新年音乐会CD在推出四周后，以4万张的销量达到双白金，而其DVD光盘也售出超过1万张，同时获得白金成绩。鉴于其在2011年维新取得的巨大成功，维也纳爱乐方面于2011年12月31日宣布，莫斯特将在2013年维也纳新年音乐会上再次登台亮相。

除担任维也纳国立歌剧院艺术总监，莫斯特还常到柏林德意志歌剧院和萨尔茨堡音乐节担任客席指挥，还指挥过维也纳爱乐乐团、柏林爱乐乐团、古斯塔夫·马勒青年乐团和巴伐利亚广播交响乐团等多个著名乐团。

由于主要是在伦敦爱乐工作期间声名鹊起，莫斯特灌录的唱片大部分来自百代唱片，其录制的布鲁克纳《第三交响乐》曾荣获格莱美奖提名。2007年，环球唱片曾发布了莫斯特与克利夫兰交响乐团首演的贝多芬《第九交响乐》。

2017年2月27日晚，莫斯特带领维也纳爱乐乐团至北卡罗来纳大学教堂山分校艺术中心（UNC-CH）演出。当晚演出的曲目是勋伯格的《升华之夜》和舒伯特的《第九交响曲》。

吴林励（以下简称"吴"）：维也纳爱乐乐团历史悠久，能否请您谈谈您眼里的"维也纳爱乐"？

弗朗茨·威尔瑟-莫斯特（以下简称"莫"）：西方古典

音乐是文化发展中最高的领域之一。西方的文化艺术都有高峰，就像数学在阿拉伯、金字塔在埃及、罗马的法律、古希腊的哲学，等等。音乐是西方文化发展中很重要的一部分，维也纳爱乐乐团有那么长的历史，它的发展和传统息息相关。马勒、勃拉姆斯都曾经在维也纳爱乐乐团工作过，如果追溯它的历史，能追到乐团和贝多芬时代的相关性。贝多芬逝世于1827年，那时勃拉姆斯还没有生出来，但他继承了贝多芬的思想。正因为维也纳爱乐乐团有这样的历史，如果你想听贝多芬、马勒的交响乐，他们一定比别的乐团演得更正宗，因为这些伟大的作品就是他们的传统。当他们演奏勃拉姆斯时，你会感觉勃拉姆斯好像就在你的身边。

吴：您现在是美国克利夫兰交响乐团的音乐总监和首席指挥，之前任维也纳爱乐乐团的艺术总监及首席指挥，这两个乐团都是世界著名的乐团，它们有哪些显著的不同点？

莫：维也纳爱乐乐团是特别棒的乐团，有着独一无二的个性，这一点和美国克利夫兰交响乐团的个性是完全不一样的。例如你把最棒的小提琴演奏家和最棒的钢琴家放在一起演奏，他们之间不是谁会跟着谁走的问题，而是他们两个人都会有很好的想法，表达音乐既包括输入也包含输出。维也纳爱乐乐团的音乐家都很有想法，这么多年延续下来，乐团所有的成员把这个乐团塑造出一种特殊的性格。

作为指挥，首先，要理解乐团的性格，以此为基础，用他们的性格去和他们做一些音乐上的对话，维也纳爱乐乐团每个人都有自己的性格，每个人对音乐都有着自我的理解。其次，指挥要把所有人的理解统一在一起，而且还要让他们彼此理解对方，并最终达成共识形成同一个方案，让所有的人至少在音乐方向的认知上是相同的。

再说到克利夫兰交响乐团，这个乐团训练有素，乐团演奏家们技艺高超。我和他们在一起，完全没有感觉他们有100个成员。但他们不像维也纳爱乐乐团，也有100个对音乐不同的意见。克利夫兰交响乐团比较容易统一，这一点是两个乐团最大的不同。前者有那么多种对音乐不同的理解，后者在音乐理解方面从一开始就比较统一。

另一点不同是关于音乐厅。维也纳爱乐乐团的音乐厅是维也纳爱乐之友协会音乐厅（Wiener Musikverein），音乐厅的音响对他们至关重要！克利夫兰交响乐团是美国的赛佛伦斯音乐厅（Sevenrence Hall），也是国际上很棒的音乐厅。克利夫兰交响乐团的音色精细、透明。音乐厅其实也是乐团的"乐器"，它就像乐团的"家"一样。从某种程度上来说，乐团的音乐厅也确立了乐团的声音特点。

吴：您对"克利夫兰"和"维也纳爱乐"的排练方式有什么不同？在艺术水准方面，对他们各有什么目标？

莫：我作为指挥，既不能拉小提琴，也不能吹长笛，我的工作是领导他们演奏。维也纳爱乐乐团不需要音乐技术方面的指导，但他们需要指挥明确地告诉他们作品想表达的意境。想象中的画面不用很具体，可以抽象化地描绘。比如一首乐曲可能是根据某一首诗而来的灵感，我就会和乐团成员描绘出那首诗的意境。

当我刚接任克利夫兰交响乐团时，乐团演奏员们更需要我清晰地告诉他们精准的技术要求。不过经过了这些年的磨合，我慢慢地也改变了他们的观念，他们也开始希望了解更多的、关于音乐中想象的画面，用音乐来创作画面。我告诉他们，技术上的精确并不代表完全表达出音乐的内涵。在美国，乐手考乐团的标准，更多的是放在技术层面。当然，乐手首先需要技术精湛。但是我偏爱去招一些有自己独特的想法、很个性化的音乐家。所以，自从我接任克利夫兰交响乐团之后，这个乐团改变了很多，我招聘了一批对音乐有自己独特想法的新演奏家。

吴：您重视推广现代音乐作品吗？您怎样制定音乐会的曲目？

莫：在选择演出曲目方面，我们会考虑市场上人们的需求。克利夫兰不是一个很热闹的城市，我们乐团是唯一的一个规模偏大的音乐机构，所以向市民们传播和推广音乐很重要。

我们音乐季的选曲非常宽泛。下周我们要演巴赫的《约翰受难曲》，我希望让观众听到更多不同的音乐，既包括古典的，也包含现代的曲目。我们经常会演 20 世纪和 21 世纪的现代作品，演奏很多新音乐。我指挥新音乐的方式以及排练方式与排练古典音乐是一样的。我认为指挥风格和音乐的新旧没关系，关键是要深度理解作品，分析方法都是一样的。我认为如果不理解这部作品的意义，其他的都没用！指挥通过作品，能向观众表达出作品的内涵，才有意义。我最高兴听到别人说很享受我演的音乐作品，人们如果喜欢，我会觉得自己的工作很有意义，我知道我已经把作品的意义传递给观众了。在克利夫兰，我们曾被批评没有演太多美国人自己的音乐。我希望乐团能多演奏好的音乐，而不是去照顾哪一方的利益。

关于选择音乐会曲目，我们还有国际的网络平台，那里会介绍各个国家的作曲家，音乐信息特别发达。我不想卷入音乐以外的方面，只希望更纯粹地演奏好的音乐。我们会定期举办一个大规模的作曲比赛，有奖学金，给予有才华的新作曲家资助和机会。今年作曲奖大赛的得奖者是个华裔美国人。参赛的作品，我们首先根据总谱来海选，这样就可以看出谁具备作曲家的创作才华，谁的作品只是像学生的练习而已。现在已经有很多有名的作曲家都是从这个奖项里胜出的，我们帮过很多新一代的年轻作曲家，我们也希望不断地寻找下一位有才华的作曲家。

吴：您指挥克利夫兰交响乐团已有十多年了，您如何培育当地的观众？

莫：观众是音乐会很重要的一部分。你一上台就能感觉到观众是什么类型的观众。指挥不管观众是否热爱这首作品，都得演奏到合乎这首作品的标准。有些观众比较容易讨好，有的却不一定。指挥在台上演奏不是炫耀，而是分享音乐。有些流行歌星比较炫耀、浮夸，观众也随之狂热。克利夫兰交响乐团的成员特别反感这些，他们喜欢那种发自内心的、忠实于作品的音乐家。在克利夫兰，观众逐渐也形成了这样的审美观，这是很不容易的一件事，因为现在的社会喜欢那种炫耀的东西。这里关键的一点是要看演奏者是不是把作曲家看得很重要！最不好的现象是有些自大的演奏家完全以自我为中心。试想，如果音乐家们都以这样的态度对待音乐，音乐就会逐渐走向死亡！因为音乐都变成你了，音乐将无法实现永恒。

要成为一个忠诚的音乐工作者，才能更从长计议地去实现音乐的梦想。高素质的音乐家应该为音乐服务，而不是炫耀自己。我觉得作为音乐家，非常重要的是在演奏上不要只追求表面的、肤浅的表现，而是要追求作品深刻的内涵。这两个乐团都因为自己的集体而自豪，但这并不是骄傲。当然，一旦到了音乐会现场，必须是要享受音乐的。

笔者与莫斯特在纪念堂音乐厅的后台合影

◇ 延伸阅读

当下,比谭盾们更年轻的一批作曲家也开始活跃在世界的舞台上,并与全世界的作曲家站在一起。

华裔作曲家梁雷的作品《千山万水》成为继谭盾之后第二位获得被誉为"作曲诺贝尔奖"的路易维尔大学格文美尔 2020 年度作曲奖的作品。他通过研究中国国画大师黄宾虹的画作,找到了中国画与他的音乐的结合点。"比如黄宾虹绘画中的颗粒感、墨点的飞动、层层叠叠的立体感等。"梁雷说:"我与研究团队中的音乐软件工程师合作,共同开展'以声为笔、以音为墨'的音响工程试验。借助艺术的想象和新科技,让以上元素从视觉转变为听觉。" 梁雷最近的新作是与白鲸、蓝鲸、海豹合作。他说:"它们的听觉功能远超人类,而且它们也创造音乐。""向它们学习音乐,去重新理解'声音'和'音乐'的意涵,'实在有趣极了'。"[1]

此外,2017 年,周天以《乐队协奏曲》荣膺第 60 届格莱美奖最佳当代古典音乐作曲奖提名,这也是格莱美该单元奖项首次提名华人。同一年,杜韵以当代歌剧《天使之骨》获得第 101 届普利策奖音乐奖。

---

[1] 马秀秀:《华人作曲家梁雷:用音乐创造更美好的世界》,2019 年 12 月 12 日,中国新闻网(https://baijiahao.baidu.com/s?id=1652698384650593059)。

黄若是美国乐坛冉冉升起的华裔作曲家、指挥家,曾被《华尔街日报》评价为"具有极度冲击力与实力的年轻作曲家"。他创作的歌剧《一个美国士兵》于2018年6月在美国圣路易斯歌剧院举行了全球首演,并被《纽约时报》评为2018年度十佳音乐盛事。圣路易斯歌剧院的前任艺术总监蒂莫西·奥利里说:"歌剧的剧目都太老了,与时代严重脱节,我们需要与时代同步的歌剧作品。艺术邀请了不同的对话,而我们则为市民的生活增添了价值。"黄若的作品被圣路易斯歌剧院接受,演出获得成功。[1]

---

[1] 选自《华裔作曲家黄若歌剧〈一个美国士兵〉在美首演》,今日音乐(MusicToday)。

吕嘉：艺术家要有一颗纯粹的心

被采访人：吕嘉
采访人：吴林励
时间：2017年11月2日
地点：美国北卡罗来纳大学教堂山分校纪念堂音乐厅

吕嘉，1964年出生于音乐世家。幼时跟随父母学习钢琴、作曲、指挥。1980年在北京中央音乐学院附中继续深造作曲、指挥、钢琴、大提琴，1983年进入中央音乐学院后师从指挥家、教育家郑小瑛学习指挥，1987年以最优异成绩提前一年毕业并保送中央音乐学院继续深造。1988年进入柏林艺术大学继续学习指挥，师从汉斯·马丁·拉宾斯坦及罗伯特·沃尔夫。同年9月在意大利特伦托市举办的世界指挥比赛中夺得金奖（第二名空缺）和观众特别喜爱奖。目前，吕嘉是国家大剧院艺术总监兼管弦乐团首席指挥、澳门乐团音乐总监兼首席指挥。

歌剧在吕嘉的指挥生涯中占据着特殊位置。在歌剧的故乡意大利和德国，吕嘉曾指挥的歌剧剧目超过60部。作为第一位在意大利国家歌剧院担任总监的亚洲指挥家，吕嘉被意大利的音乐评论界誉为"比意大利人更懂得意大利歌剧的指挥家"。他指挥的威尔第歌剧《茶花女》被意大利"马切拉塔歌剧节"评为最佳诠释。2005年，由于吕嘉对意大利音乐文化的突出贡献，总统纳波利塔诺为他颁发了"总统杯"。2008年，在意大利比萨罗市的"罗西尼歌剧节"中，吕嘉所指挥的《贼鹊》被评为年度最佳歌剧。吕嘉在中国国家大剧院制作歌剧《图兰朵》《艺术家生涯》《山村女教师》《赵氏孤儿》《爱之甘醇》《托斯卡》《漂泊的荷兰人》《罗恩格林》《弄臣》《假面

《费城调查者报》评价国家大剧院管弦乐团有着"高超的技术水准,精准而且充满活力"

2017年11月,中国国家大剧院管弦乐团美国巡演拉开序幕

舞会》《运河谣》《奥赛罗》《费加罗的婚礼》《冰山上的来客》《安德烈·谢尼埃》《日出》《纽伦堡名歌手》中担任指挥。

2017年11月,吕嘉带领中国国家大剧院管弦乐团在美国北卡罗来纳大学教堂山分校演出。他们演出了赵季平的《第一小提琴协奏曲》、陈其钢的《逝去的时光》和西贝柳斯的《第二交响乐》。其中《逝去的时光》这首作品是陈其钢在1995—1996年创作的,音乐引用了《梅花三弄》的主题,赋予了古代文人音乐辉煌的气势、悠长的气息、空寂超逸的神韵以及强烈的震撼力和现代感。20年来,这首作品在全世界多次演出,经久不衰。当时我在异乡听到这首作品,在感受到音乐的力量对人情感的慰藉之余,更深深感受到音乐跨越国家和民族的力量!由此,笔者当日采访了吕嘉,并在回国之后再次采访,现把两次采访的内容融合在一起呈现给读者……

吴林励(以下简称"吴"):这次您带中国国家大剧院管弦乐团来美国巡演,演出的中国作品有陈其钢的《逝去的时光》《乱弹》、赵季平的《第一小提琴协奏曲》等。我在现场能感受到美国观众很喜爱这些作品。

吕嘉(以下简称"吕"):这次,中国国家大剧院管弦乐团在美国共巡演了6个城市:芝加哥、纽约、费城、北卡罗来纳教堂山、旧金山和密歇根安娜堡。教堂山是大剧院巡演的

2017年11月，国家大剧院管弦乐团携手著名小提琴家宁峰在美国演奏赵季平的《第一小提琴协奏曲》

2017年11月，国家大剧院管弦乐团在美国演奏陈其钢的《逝去的时光》

第四站。《逝去的时光》是陈其钢的经典之作，他的作曲技术手法很扎实。他把法国的作曲技术和中国的古典文化结合起来，构思和手法都很巧妙，乐曲的开头和结尾都像是一种写意，绘画般地描绘出一种意境。《乱弹》是他的新作品，立意虽不大，但他写得十分精致，像一部声音习作，通过各种各样的技术手法，写出了一部充满想象力和创造力的声音作品。赵季平的《第一小提琴协奏曲》非常感人，是由中国国家大剧院和悉尼交响乐团联合委约的。由帕格尼尼国际小提琴大赛金奖得主宁峰来演奏。作曲家希望表达人类的博爱与情怀，讲述所有跌宕起伏终将归于平和包容之道。

吴：北卡交响乐团的大提琴首席看完演出后说："国家大剧院管弦乐团很棒！我真的很想看到欧洲的音乐家如何理解和演绎东方的当代作品，毫无疑问，卡普松表现得很精彩！"卡普松在台上演奏结束后，热烈地挥舞乐谱以表达对作曲家陈其钢崇高的敬意。他说："很高兴能与吕嘉指挥和中国国家大剧院管弦乐团合作，并在美国首演了陈其钢的作品《逝去的时光》。乐团表现非常出色，今晚也是我与此次中国国家大剧院管弦乐团美国巡演的最后一场。在巡演的过程中，我对中国当代音乐的理解越来越深，音乐的处理越来越好……"北卡罗来纳大学教堂山分校交响乐团的艺术总监和首席指挥卡拉姆教授说:"指挥和乐团的表现富有激情,我很难想象中国国家大剧院管弦乐团仅仅只有七岁,我喜欢他们的弦乐声部音色。赵季平的《第一小提琴协奏曲》美极了,令人退想万分,小提琴家宁峰的演奏更是不可思议……"

吕:在这次巡演中,我们代表中国、代表中国国家大剧院来美国演出,一定要带着我们自己的文化的声音,而且这种声音能够和世界文化的声音融合在一起。正是出于这种考虑,此次巡演选择的曲目既有美国作曲家卢·哈里森写的《琵琶与弦乐队协奏曲》,也有中国当代作曲家们借鉴外国技法创作的作品。这些作品不仅具有鲜明的"和文化"背景,而且真正地将中国元素融合到作品的细节中去。中国文化要对世界文化做

2017年10月,中国琵琶演奏家吴蛮在芝加哥弹奏美国作曲家卢·哈里森的《琵琶与弦乐队协奏曲》

出贡献，这种贡献并不仅仅是一种输出，更是我们的价值观得到了世界的理解、尊重和认同，是一种全人类共同价值观的融合和理解。就像我们中国的孔孟之道，那并不是空洞的纯理论，它的文化价值是活在我们中国人的生命里。能活出来，西方人必然会看得到，会理解，也会认可！

吴：您在欧洲生活和工作了20多年，之后回到中国并接任澳门乐团的艺术总监、首席指挥，以及中国国家大剧院的艺术总监、首席指挥。您是按着怎样的艺术理念、艺术标准去更好地实现东西方音乐文化交流的？

吕：音乐是全世界语言中人人都能听得懂的一种语言，它能带给人心灵上的美好、撞击和感触。而这种感触是从声音开始的，之后才是美好的声音、美好的作品以及美好的诠释，这个过程是相通的，但这一标准却不像奥林匹克体育竞赛那样有一个量化的标准。所以我希望通过自己艺术生涯的经历，与世界上一流的一些乐团、作曲家和歌唱家合作的经验，来和观众分享好的音乐。我经常在介绍音乐时告诉观众什么是真正好的声音，让我们从这儿出发去享受美好的音乐。

现在中国交响乐、歌剧的发展还属于"处女地"。当下中国人要看清世界，走中国特色的艺术发展道路。现在我认为古典艺术的发展已经到了一个很关键的时候。正因为我国在这个领域还处在一个发展的阶段，我们每个人的力量还是单薄的，所以很需要梳理清楚这个领域里的各方面，把握好时代机遇，留一块真正为了艺术的地方，为将来搭好平台，为将来铺路。这是我回国的主要原因，我现在做的"全球华人乐团"也是基于这样的目标。

吴：请您谈谈"全球华人乐团"吧？

吕：这个乐团不是官方的，但是是国家承认的。全球华人乐团是自发性的、不营利的。我有个基金会属于中日侨联基金会，我想通过这个基金会慢慢地做这件事情。乐团不仅仅是针对全球华人，也包括对年轻艺术家的支持、对音乐教育的支持。我把全世界最好乐团里的华人集中起来，因为这样可以在亚洲做出很好的成绩。我希望让观众知道什么是好的音乐，什么是好的音乐标准。中国的交响乐要达到世界最顶尖的水平，也许还需要三四十年，我把这些华人音乐家都组织起来，现在就是一个世界级优秀的乐团，他们分别在欧美亚等世界一流的乐团工作，都在各自的专业领域发展得非常好，很多乐团成员已经担任了乐团首席、声部首席，而且和当地的文化及社会融合得很好。乐团内部没有什么商业化，只是艺术实践和演出录音。我认为文化产业要澄清一个概念：商人经济人去做商业的事情，艺术家只做纯粹的艺术；不能既从事着艺术，又去做商

2017年,"文化中国·全球华人音乐会"在北京开唱

业,这样艺术做不好。艺术家的心应该放在艺术上,如果你的心走了,是否还能再回来就不好说了,就是想让它回来,却不一定了,因为心智已经变了。如果缺乏执着、纯粹的心,做事情或多或少会容易急功近利,但艺术就像科学一样纯粹。

吴:发展乐团最重要的人物是谁?

吕:最重要的是艺术总监,他决定这个团的标准,这就和打仗一样,这个团队会不会赢,完全靠带兵的人。首先确立目标、建立体系,定位表现什么样的艺术风格,艺术上是以什么为标准,艺术理念又是什么,再才是3年、5年规划,甚至是 10 年规划，按照艺术规律从经典作品开始训练乐队，从莫扎特、贝多芬、海顿到浪漫派理查德·施特劳斯等。艺术总监要对乐队里各个乐器的发展、各个乐器的规则有着极其高的要求。如果是浪漫派作品，指挥需要对乐器的想象力、对声音层次变化的要求更高。乐团成员要学习演奏这些作品，年轻的演奏员在学校里学的乐队作品是有限的，可能只有两三部协奏曲，但是交响乐作品成百上千，在乐团里各个声部组合在一起，又经历着不同的指挥来诠释音乐，他们对音乐的理解和感悟会不断提升。其实，在乐团里演奏是演奏家们进一步学习音乐的好机会。当然，前提是乐团指挥要非常有水平。然后有一个好的音乐厅，还有可持续发展的经费。

吴：您怎样看待当代的中国音乐创作？

吕：我认为作曲家要去思考：要在这个时代为后人留下什么作品？当下优秀的作品是不多的。我也曾思考：这是什么原因造成的？到底缺失了什么？我想也许是失去了对艺术原动力的追求，对艺术的纯粹性不够才造成了优秀作品的匮乏，有一些艺术创作是带着功利性的。艺术发展有自身的规律，有特有的交响乐的元素、歌剧的元素，这是一整套成体系的东西。这里面还包括对声音的理解、对乐器的理解，等等。它之所以存在到现在，就是因为它自身的艺术规律及其合理性。一部艺术作品，比如一部交响乐，它有自己的精神追求和艺术标准，它越高，所传递出来的艺术感染力就越强。它的技术越丰富完美，就越能够有更大的表现力呈现乐曲的灵魂和情感。最终还是灵魂和感情的高度决定了这个乐曲的高度，如果作曲技法更完善，就会把这个高度表现得更加充分。

交响乐、歌剧，每种形式都有它固有的元素，这些元素搭配好了就是一部好作品的基础。所以不管中国歌剧、外国歌剧，作品里音乐元素搭配得好，外国人、中国人一样都喜欢听。因为无论是交响乐还是歌剧，最初都是西方人的表达方式和逻辑思维表现形式。比如，歌剧中的各要素怎么组合？如何制作戏剧性的冲突？再比如对声音的理解，包括了对乐器声音的理解、人声的理解，对合唱、重唱、重奏的理解，还有对交响乐合奏以及独奏的理解，等等。当你对这些理解达到高的水准时，中外听众肯定会听懂。我认为最好用别人听得懂的语言、逻辑表现方式和思维习惯来表达自己的创作理念和高标准的艺术水准，交响乐、歌剧就是很好的形式。我们中国人在演绎西方作品的时候总会有一些自己的理解，属于东方人的想象，这些音乐理解会有别于西方人的思维。然而好的艺术本来应是多元化的，西方人也乐于听到不一样的音乐表达。但是，艺术标准对全世界的人来说应是共同的，比如好的配器技法、好的乐队合奏、好的乐器声音配合，等等。交响乐和歌剧这两种音乐形式向西方输出是很容易被理解和传播的。

另外，并不是说必须演奏中国的民间小调，才叫传递中国文化，对此的理解宜更为宽泛一些。艺术是不变的，从人类有了精神追求开始，心灵的诉求就是不变的。西方好些作曲家写的也都是异域的音乐素材，法国作曲家德彪西、拉威尔经常写的素材都来自西班牙及东方；普契尼的歌剧《蝴蝶夫人》使用了中国民歌《茉莉花》的音乐元素。不管用哪里的音乐素材，关键要能写出艺术水准高的作品。我们对写"中国音乐"应该有一个更深层次的理解，只有被广泛地传颂，经过这个时代之后还能保留下来，这就是经典。比如创作大歌剧，按照西方大歌剧的方式，包括重唱、合唱，重唱合唱的交替，以及它们与戏剧冲突之间的关系，这个冲突是用乐队来表现还是用唱段或合唱来体现？歌剧总会有起承转合，作曲家应琢磨独唱怎么写，乐队怎么写，唱段怎么唱，并很好地去加以结构它，最后招一批优秀的歌唱演员来唱，就有机会出好作品。

还有一些观念需要梳理。有人说一部歌剧想要成功，首先，得有个好的剧本。我倒认为剧本不是最重要的，好像我们没听说过世界上有哪一部歌剧是因为剧本写得好，音乐很差而传下来的。反过来倒是有，最后大家记住的都是音乐写得好的歌剧作品。因为它最终还是用音乐来呈现的，并不是只用歌词来表现。所以词写得再好，音乐不好还是没用的。其次，我认为民族歌剧也是中国歌剧发展的一种方式，像歌剧《白毛女》，一曲接一曲，很多民族歌剧是板腔体式，板腔本身就带有一定的戏剧性。中国音乐多为程式化的，如西皮、二黄都有不变的格式。如果就想表现某个地域的民族性、民间性，那就按照民族歌剧的方式写，这样也很好，就不需要按西方歌剧的标准去创作，因为不适合，如果那样反而中也不中、洋也不洋了。

还有革命性的音乐创作题材也能创作出好的作品。国家大剧院上演的歌剧《长征》是印青创作的，很精彩！还有张千一创作的《兰花花》也很优秀。很多好的西方作品都来自革命时代，就像贝多芬的《命运交响曲》、威尔第的一些歌剧，等等。作品成功的关键还是看作品本身写得好不好、境界高不高、技法够不够。

最近我在看马勒的《大地之歌》的总谱，他用了七首唐诗。孟浩然、李白、王维……你听他的配器和词所对应的音乐写法，能感受到它和诗词的原意已迥然不同，和诗词原来的意境更是完全不一样了，但这是可以理解的。因为马勒从来没有来过中国，这七首唐诗，从中文翻译成英文，又从英文翻译成德文，那原意当然会相去甚远。马勒把这七首唐诗作为创作的媒介，按照他自己的思维去创作。如果中国的诗词能激发外国人的喜爱和想象力，对酒当歌，这又何尝不是有意义的呢？音乐的本质是一样的，追求的都是真善美。中国人的表达方式

歌剧《长征》从艺术的视角再现那一段苦难与辉煌

国家大剧院上演的歌剧《兰花花》

可能更含蓄一些、比拟多一点，西方人的方式也许更直白一些。但好的音乐给人的想象力应该是超越文字、超越绘画的。比如说，我们看着这面黑色的墙，我不能说它是白色的，但是在音乐的空间里，我可以把墙想象成所有其他的颜色。最初我还想把这个创作再做一个中国的版本，甚至可以两个版本同台演出。

吴：用同一种素材，东西方根据各自的文化，用各自的音乐语言在同一个舞台上表达？

吕：对，用同样一种素材去做一些文化上的交流。实际上音乐对人心所起到的影响和作用远远超出了音乐形式上的变化。好的终究是好的！

吴：音乐无问东西。我联想到戏剧界的一个实例。几年前，国家话剧院王晓鹰导演了一部话剧，莎士比亚的《理查三世》。这是一个跨文化的实例，由英国莎士比亚环球剧院实施的这个很有创意的策划：在伦敦奥运期间，在独特的环球剧场，以人类37种语言分别演绎莎士比亚全部37出戏剧。中国国家话剧院用中文演出《理查三世》。在演出创作中调用了大量的中国文化元素：传统戏曲的唱念做打、简洁灵动的写意空间、民族打击音乐、传统服饰的现代演变……所有这些都为莎翁戏剧深邃隽永的经典词句注入了中国文化的神韵和现代拼贴的风采，也为世界舞台贡献了一种观看"莎剧"、理解"莎剧"的与众不同的角度和方法。[1]

您能简单谈谈现在欧洲的古典音乐发展的现状吗？

吕：欧洲政府是扶持文化的，但现在经济下滑，养不了很多音乐团体，只能养几个。那剩下来的怎么办？现在成了经纪人的天下了，好像有商品化的倾向，这将会导致一系列的问题。比如发行低质量的唱片，如果孩子们从小就听差的音乐，看演出质量差的音乐会，那就麻烦了。另外，独奏员还好一点，歌唱演员的艺术生涯就更难一些，因为嗓子是天生的。虽然生理的条件是无法改变的，但怎样能把原有的生理条件开发到最好是一个重要的问题。比如有些声乐家，嗓子天生就是小号，适合唱小歌剧。但大号的歌唱家也一定要从小号唱起，因为嗓子需要一点点地开发出来，一直唱到最好的状态。从20岁、30岁、40岁，甚至50岁才是最好、最成熟的状态。但经纪人是不会去花时间等的，他们没有时间去养、去等一位歌唱家，只想让他（她）快速成名。比如一位男高音现在只能唱多尼采蒂的歌剧，但可能马上就被调去唱最难的大歌剧。本来这个男高音有这样的潜力，但如果太快去唱高难度的唱段，很

---

[1] 王晓鹰、杜宁远主编：《合璧——〈理查三世〉的中国意象》，文化艺术出版社2016年版。

有可能嗓子就唱坏了。这就好比一个运动员本来最好从20岁开始跑马拉松，结果让他10岁就开始跑，运动生涯很容易就夭折了。但是对于经纪人来说，年轻人成本低、嗓子坏了就换下一个。这样使得艺术家的艺术生命就很短，很多40岁就处于退休状态了，很可惜！

吴：您回国后成立的"吕嘉海外全球华人基金"，是资助培养年轻的歌唱家吗？

吕：我的基金会通过募捐，志在帮助和培养年轻的歌唱家。我和他们签约十年，让他们在宽松的时间里有所发展。在十年之内很好地学习音乐，并给他们安排好的演出机会，让他们的专业得到有效的提高。按照规律、保持十年丰富的艺术生涯，这样会养成一个好的职业习惯，使一个艺术家到了50岁能有最成熟的艺术表现力。

总之，艺术家要深刻理解什么是"初心"，艺术家做好本职工作就是初心，我们做音乐的人把音乐做好就是初心。中国音乐文化现在需要复兴，就交响乐和歌剧而言，才是发展阶段，希望做音乐的人爱音乐，少一份功利，多一些对音乐纯粹的热爱。现在可能普遍存在功利为上的情况，我们要把握自己，关键就是坚守纯粹的初心！

◇ 延伸阅读

《逝去的时光》是陈其钢在1995—1996年之间创作的,谁承想当年首演时就遭到非议。有人批评:"怎么都听到旋律了?"在那个时代,如果让人听出点旋律的影子,就会被质疑为保守,甚至是"现代音乐的叛徒"。《逝去的时光》里,作者用现代的技法表达古人的某种情绪、情感、气质……所有这些人的内在精神活动和体验都是有生命的流动轨迹,是有渊源的。用今天的眼光、语言来表达它、抒发它、释放它。

在那个现代主义思潮流行的时代,陈其钢富有创新地选择了坚定地走现代音乐的道路,走向了根植在中国文化艺术土壤上的中国文人诗性的当代音乐表达。他的创作观念和创作思维发生了巨大的改变。他说:"我在写《逝去的时光》的时候开始没有想用《梅花三弄》的主题,一直写到9分钟时这个决心还没有下。后来决定用主题之后,才把旋律特点、和声特点尽量加在前面,五声性的音响是在决定用主题之后才有的。9分钟之后还有15分钟,两个对置的形象需前边要融合,这需要时间,要求改变形象的技巧很高。比如'黏合剂'一共出现了15次,但是听时没有觉得有那么多次,只是作为结构转换时才会有感觉……"他还说:"《梅花三弄》主题上的和弦之间没有功能关系，只是从需要出发。"

1995年，陈其钢提出"走出现代音乐"，这在当时是一个惊人口号。他说："艺术创作和人生有直接关系，如果没有生活，艺术创作本身就显得苍白，这就是20年来现代音乐、现代艺术缺少活生生的感人的东西，太追求技术，太追求理性，太追求结构完美，这时往往把艺术的本质忘掉了。"而他创作上的转折，实际上从《水调歌头》（1990）就开始了。这首作品音域之宽达到三个八度，作品运用了中国传统京剧的唱法，用无调性音乐来表达韵白、啸，有调性的音乐来表现吟诵、唱等。苏轼的词为陈其钢提供了极大的想象空间，远远超出了中秋花好月圆、家人团圆的观念。他借这首词的意境抒发自己对故乡和亲人的思念之情、身处于法国而生的强烈的孤独感。

在创作《水调歌头》之前，他曾以为作曲唯一的出路就是走西方的路，后来却发现这并不是唯一的道路，自己可以创造符合自己内心的创作逻辑。他的恩师、法国著名作曲家梅西安对他的创作发展也起了非常重要的作用，他曾说："你要做你自己而不是任何人。"自此，陈其钢开始坚定地走自己的道路，回归自我。他的音乐创作完全从真实的内心出发，随心自由。他开始真诚地表达自己的情感体验，回归到音乐本质，回归到中国文化传统。从创作的动机、内容来说，有感而发。从音乐的形态来说，他重新注重旋律与调性，甚至包括传统的三度叠置的和声。他在《道情》这首作品中有意识地以全方位的观念走出西方现代音乐。作品在"节奏、结构、演奏方法及表达诸多方面都不去考虑西方现代音乐的一些观念,甚至西方传统音乐的观念在此都是无效的"[1]。他完整地运用《三十里铺》并赋予它新的解释,这无论是在西方现代音乐还是在中国现代音乐的早期都是被坚决反对的。陈其钢说:"中国传统文化对我的影响一开始就存在,现在可能更加地主动,更加有意识。"[2]那段时期他创作了一批自我风格鲜明的作品:《水调歌头》《五行》《大红灯笼高高挂》《道情》《逝去的时光》《京剧瞬间》《三笑》《易》(单簧管与弦乐四重奏)及《古琴协奏曲》《二胡协奏曲》等。

从陈其钢的代表作品能看出他是怎样从"走进现代音乐"到"走出现代音乐"轨迹的。他的作品往往经过深思熟虑,表现出的是严谨、深刻和完美。他的大多数作品发展与升华了中国传统文人文化,赋予它宽广、诗性和辉煌的气势,对中国古代文人文化进行现代表达,具有新时代的美学价值。中国的音乐美学几乎也没有脱离过"音乐是用来表现人的情感"的本质。如《乐记》是我国古代相当重要和系统化的音乐美学论著。书中记载:"情动于中,故形于声"的"表情"说,提出"乐者,心之动也;声者,乐之象也;文采节奏,声之饰也"的命题;认为音乐既是声音的艺术,又是感情的艺术,音乐的本质特征是有"文采节奏"之饰的音响形式,表现人的内心活动;认

---

[1] 李淑琴:《陈其钢访谈》,《中央音乐学院学报》1997年第2期。
[2] 李淑琴:《陈其钢访谈》,《中央音乐学院学报》1997年第2期。

为声、音、乐三者既互相区别又互相关联,音乐的产生过程则是物至—心动—情现—乐生,所以"乐也者,情之不可变者也""唯乐不可以伪",这是音乐艺术实践的科学总结。

约书亚·贝尔：
我的每一次演出都像是第一次

被采访人：约书亚·贝尔（Joshua Bell）
采访人：吴林励
时　间：2018年3月20日
地　点：北卡罗来纳大学教堂山分校
　　　　纪念堂音乐厅

约书亚·贝尔，现任圣马丁室内乐团[1]艺术总监、乐团指挥、首席小提琴大师、美国小提琴家，受业于吉戈德（Josef Gingold）。1981年14岁的贝尔就与费城管弦乐团合作演出，在柯蒂斯音乐学院学习，毕业后与美国各大乐团合作协奏曲，也参加室内乐演出。其演奏追求音色的表达与细腻的层次显示，在室内乐方面也有出色的表现。

很多中国的观众都比较熟悉贝尔是因为他曾经有一首天籁般动听的小提琴曲《天堂的声音》，并多次在中国举办个人小提琴专场音乐会。贝尔现任圣马丁学院乐团艺术总监、乐团指挥、首席小提琴大师、美国小提琴家。

吴林励（以下简称"吴"）：您能够指挥乐团和演奏小提琴，并且很好地结合了二者，您是如何做到的？

约书亚·贝尔（以下简称"约"）：我演奏小提琴、演奏交响曲的方式与演奏、处理室内乐如弦乐四重奏都是一样的。变化的只是有了更多的声部，但我的想法是相同的。我认为小

---

[1] 圣马丁室内乐团由内维尔·马里纳爵士于1959年创立，是20世纪60年代巴洛克复兴潮流的先锋。现在是一个编制灵活的一流室内乐团，乐团演奏者均为万里挑一的人才，他们的音乐风格已得到全世界的认可。500多张唱片，让圣马丁室内乐团成为世界上录音数量最多的室内乐团。圣马丁室内乐团赢得了诸多国际著名音乐奖项，包括8项"爱迪生大奖"和一项"加拿大音乐奖"。圣马丁室内乐团还获得了英国女王授予的爵位勋章，是唯一一个获此殊荣的管弦乐团。

提琴右手用弓的演奏技巧与指挥技术也非常相似。对于指挥家而言，最重要的是首先对音乐要有很棒的想法，他们懂得如何在一定的时间里精准地展开音乐，我认为这是最困难的事情，就像贝多芬的交响曲，你用什么样的方式来讲述这个故事？如何展现所有的音乐片段？这有些像电影导演，可能是一回事。我认为首先要思考的是如何用音乐去讲一个最棒的故事。

另一点，我认为呼吸很重要，演奏小提琴也一样。乐团会感觉到指挥的呼吸，就像小提琴在拉的过程中特别能感受到这一点。反之，对于指挥家来说也是一样。优秀的指挥家同样会理解乐队的呼吸，这也是很重要的事情。当然对于人的生命来说，呼吸也是最重要的。

指挥的工作是具有挑战性的，因为他是正在发生的事情的一部分，他在指导音乐与音乐之间的直接交流。指挥棒本身并不会发出任何声音，所有的声音都要通过指挥的想象之后才会发生的。

吴：您怎样看待圣马丁室内乐团的个性特点？如何更好地发挥这些特点？

约：圣马丁学院室内乐团以音乐的品位和精致程度而著称，乐团成员都是伟大的音乐家，我想我要做的是带给他们更多的活力。你知道他们演绎的效果一直都是极其精致的，我正设法点燃他们内心的火焰，使他们变得更有活力，他们完全可以做到。他们其实能演各种各样、不同风格的音乐，比如现代音乐、古典音乐或早期音乐，等等。他们发自内心地热爱音乐，会很享受在一起创造音乐的感觉。而且他们压根儿就不觉得这是一份工作，这一点和其他一些乐团很不一样。对于很多大型的乐团成员，指挥能感觉到他们就是在完成他们的工作，他们也在做这份工作的过程中获得到安全感。但圣马丁室内乐团的音乐家们，却从来不会如此。这一点实在是太与众不同了！对我来说这非常重要。

吴：您认为乐团的大小很重要吗？

约：我认为大小很重要。当它较小时，演奏员会承担更多的责任，如果你犯了错误，就会更清楚地被听出来。如果是20把小提琴发出的声音，你会感觉自己好像是大海里的一部分，谁都不想有任何的不同。

吴：在您的乐团里，您认为音乐家们具备什么样的音乐素质最重要？

约：嗯，我刚才提到过这点特质。我喜欢寻找座位的边缘方位去演奏，让声音参与进去，去倾听每一位音乐家的声音，这尤为重要！

吴：您如何编排音乐会的曲目？

约：这对我来说仍然是件新事物，直到今天我仍然在不断地学习曲目。我正在尝试学习所有主要的交响曲。我们现在已经完成了 8 首贝多芬交响曲的录制，还有一部正在努力中。我也一直在学习新音乐，这次本来想在北卡罗来纳大学教堂山分校演我的老朋友埃格米尔的新作品。他是一位伟大的作曲家，但很遗憾这里要求上演门德尔松的《e 小调小提琴协奏曲》，当然这也是一部伟大的作品。我们乐团的新 CD 将于今年下半年发行，其中有布鲁赫的《小提琴协奏曲》和《苏格兰幻想曲》，等等。

托努·卡拉姆：
我享受和年轻人一起创造
音乐的过程

被采访人：托努·卡拉姆（Tõnu Kalam）
采访人：吴林励
时　间：2018年3月23日
地　点：北卡罗来纳大学教堂山分校
　　　　音乐系教学楼的办公室

托努·卡拉姆，北卡罗来纳大学教堂山分校青年交响乐团艺术总监和指挥，爱沙尼亚裔美国指挥家兼音乐教育家。卡拉姆生于德国，父母均为爱沙尼亚人，两岁（1950年）起居美国。他曾就读于哈佛大学（1969年）、加州大学伯克利分校（艺术硕士，1971年）及柯蒂斯音乐学院（证书，1973年）。在他作为古典指挥家、作曲家和钢琴家的训练中，师从指挥家麦克斯·鲁道夫、作曲家里昂·基什内尔和安德鲁·安布里。

卡拉姆在首届年轻指挥家巴尔的摩交响乐团比赛中获奖，还进入了埃克森美孚艺术基金会指挥家项目的决赛。他还获得了坦格伍德和阿斯彭的夏季研究生奖学金。他在佛蒙特州万宝路音乐学校工作期间，应传奇钢琴家鲁道夫·塞尔金的邀请，五次担任贝多芬《合唱幻想曲》的客座指挥。卡拉姆的客座指挥经历数不胜数，包括北卡罗来纳交响乐团、麦迪逊交响乐团、亨茨维尔交响乐团、什里夫波特交响乐团、哥伦布的普罗缪西卡室内乐团、指挥棒胭脂交响乐团和东德克萨斯交响乐团等，并曾担任波士顿新英格兰室内乐团的音乐总监。他于1994年首次在欧洲演出，在塔林指挥爱沙尼亚国家交响乐团，翌年再度受聘在音乐节演出。他于1997年回到欧洲担任芬兰奥卢交响乐团的客席指挥，并于2004年第四次在爱沙尼亚图宾及其时代艺术节担任指挥。卡拉姆曾为薛凡波特歌剧团、莱克乔治歌剧节及内华达歌剧团等演出超过135场歌剧。

7年来，他一直担任伊利诺伊州歌剧院的音乐总监；同时，他还担任过佛罗里达州迈阿密大学交响乐团和明尼苏达州的交响乐团项目总监，担任短期访问伊利诺伊大学香槟分校圣奥拉夫学院。自1984年起，他参与缅因州蓝山的 Nasser Hall 夏季室内乐节，并担任行政及音乐总监、暑期计划总监、艺术家兼教职员钢琴家及室内乐教练达13年。作为一名教育家，他在纽约、北卡罗来纳、威斯康星、得克萨斯、路易斯安那和蒙大拿，指挥过全州、全地区、全郡的管弦乐队。他还经常与北卡罗来纳州的 Mallarmé 青年室内乐团合作。他也经常担任北卡罗来纳交响乐团在罗利的指挥。

吴林励（以下简称"吴"）：每一个新学年，您如何选择曲目并做排练、演出的计划？

托努·卡拉姆（以下简称"卡"）：我要考虑多方面的文化因素。首先我要考虑20世纪音乐、19世纪音乐、18世纪音乐，不同时期的音乐。考虑各种不同的音乐类型——俄罗斯音乐、法国音乐，不同的文化，因此风格多样很重要。然后，我还会加一些更熟悉或更经典的音乐，例如贝多芬、勃拉姆斯或柴可夫斯基的作品，这是学生可能已经知道，而且也非常想演奏的、重要的古典音乐作品。最后会找一些不太知名但不同时期的有代表性的音乐，甚至是20世纪的新音乐，刚创作的作品，或者刚过去 20 年、30 年的作品，这些音乐对于学生乐手们都很重要。

我还必须考虑乐手的问题。例如，如果我有很好的长号和低音号手，则需要使用有他们的音乐。如果我演奏莫扎特，这些乐曲中将没有长号或大号。除了第五和第九交响曲，大多数贝多芬的作品中都没有。勃拉姆斯的作品有长号，但他只在其中一部交响曲中使用了低音号。因此，我必须选择合适的音乐以能使用低音号、长号、大号和打击乐器的乐手。我们系有一个非常强大的竖琴工作室。有 4 或 5 个竖琴学生，他们都想参与排演。而且竖琴老师希望他们拥有管弦乐队的演奏经验，所以我必须设法找到一个使用竖琴的作品。

当一个学生来到我们的大学学习四年，我会尝试给他们尽可能多的、与众不同的音乐体验。我不想连续两年演奏柴可夫斯基的交响曲，因为风格雷同，我甚至在一年之内不会两次排演同一位作曲家的作品。现在，我们已经有四五年没有排演勃拉姆斯的交响曲了，那么现在该是排勃拉姆斯交响曲的时候了。我想继续轮换古典作曲家的大型作品，但要不断投入新的想法。我们的教师中有很多的独奏者，包括小提琴、钢琴、声乐，我们还有很多学生独奏者，可以有很多协奏的尝试，比如今年我们和 Clara（杨慧）合作肖斯塔科维奇的钢琴协奏曲，很有趣。我认为这样会使乐团成员保持热情和兴趣。北卡罗来纳大学交响乐团刚演完肖斯塔科维奇专场音乐会,其中演奏钢琴的是杨慧教授,一位极具有才华、能娴熟自如地演绎多种音乐风格的华裔钢琴家。

北卡罗来纳大学教堂山分校的杨慧教授演奏肖斯塔科维奇的《第二钢琴协奏曲》

卡拉姆教授与北卡罗来纳大学教堂山分校交响乐团演出现场

北卡罗来纳大学教堂山分校交响乐团的学生们在演奏肖斯塔科维奇的作品

吴：这次您刚演出的肖斯塔科维奇的《第二钢琴协奏曲》短小精悍、喜悦欢腾，这完全不同于他其他的作品。

卡：曾有人说这首乐曲是肖斯塔科维奇作为生日礼物送给自己19岁的、刚毕业于莫斯科音乐学院的儿子的。

吴：当选择音乐会曲目时，您如何平衡古典音乐和当代音乐？

卡：我试图平等地推广所有的音乐类型。演奏诸如贝多芬《第五交响曲》之类的经典作品很重要。但是，让学生接触新音乐、正在写的作品以及当代作曲家的作品也同样重要。他们会发现这些也非常有趣。有时我们会排演一部难度很大的现代作品，可学生们会说那是他们最喜欢的作品之一。因此，就像睁开双眼看到不同的事物一样，我们尝试各种各时期的音乐。马林巴琴演奏家演奏由美国作曲家保罗·克雷斯顿写于20世纪40年代的协奏曲的两个乐章。还有一位低音提琴演奏者，一般很少有低音独奏，他演奏19世纪的意大利作曲家卡契尼的作品，卡契尼是非常有名的低音演奏家和作曲家，为低音写了很多乐曲。因此，我们将在下一场音乐会上演奏这些音乐，排练中我会处理许多不同的音乐风格。乐团必须从一首乐曲快速调整到下一首完全不同风格的乐曲，融入完全不同的角色，再演奏10分钟。我认为乐团演奏这么短的不同国家的作品要比演奏一首长的乐曲困难得多。比如一部勃拉姆斯的交响曲长达45分钟，那都是相似的配器、色彩和同一时期的风格。一旦乐队成员明白了，演奏会很顺利。而这些作品彼此之间非常不同，有俄罗斯、法国、美国和意大利的音乐，而且各在不同的时期，不同的文化，还有不同的理解，因此我们需要更努力地练习。今年年底，我安排的最后一场音乐会演奏的是德沃夏克《第六交响曲》，没有独奏者。最重要的是，这首作品演出不多，但是非常优美，40至45分钟。然后是法国作曲家比才的作品《阿莱城的姑娘》，还有美国作曲家史蒂文的一部作品。

吴：您会有机会排演中国的音乐作品吗？

卡：我想应该会的。我知道我需要了解更多的中国音乐，这些在美国也越来越受欢迎。现在，许多乐团正在演奏当代中国作曲家的作品。这很有趣！但我还没有为自己找到合适的作品，我还没能探索那么多作品，我需要研究中国作曲家。去年中国爱乐乐团、中国国家大剧院管弦乐团在我们学校表演时，我很高兴听到了中国的管弦乐作品。你可以通过电子邮件向我发送一些视频链接，我很希望开始进行调研。

吴：那太好了！您在大学里如何收集全世界那么多不同风格的音乐作品，如何获得那些总谱和分谱？

卡：有时，我也会重复我们已经排演过的作品。但即使十年后我排演同一个作品，也是一个完全不同的乐团，不同的乐手。但我仍然喜欢做以前从未排演过的作品。我想继续扩大自己的曲目库，并演奏一些对我来说完全是新的曲目，以使我保持新鲜感。所以每年的演出计划里既有一些以前排演过的作品，也会加一些新作品。我们系里有一个很大的音乐图书馆，即交响乐图书馆，在那里收藏有近700部管弦乐队的作品，包括所有总谱和分谱。

如果某作品还受版权保护，该作品的作者拥有使用该作品的权利，也可以让其他人在一定年限内使用该作品。之后，如果其他人想要使用它，则必须付费。只有过了特定时间后，版权保护期才过，成为所谓的公共财产，这意味着它对所有人都是免费的，例如贝多芬、莫扎特……这些都是过去经典的作曲家，他们的音乐对任何人都是免费的，因此你可以买乐谱。但是，如果是新音乐，例如美国作曲家科普兰、拉威尔等，你不能购买乐谱，只能租用，必须从每位作曲家的发行人（也是作品的代理商）那儿租借，并且也只能从该发行人处购买。例如，我们今年秋季的音乐会有肖斯塔科维奇的钢琴协奏曲，在一次演出中的租金是1000美元。钢琴家杨慧担任独奏，她的钢琴独奏曲的谱例也需要支付约800美元租金，而且这仅仅是租用分谱和总谱大约六个星期的费用。然后，当完成所有操作后，我们必须打包并将其归还给发行商。

大部分美国作曲家，甚至欧洲作曲家都有美国代表发行人。例如，正是肖尔科维奇（Ghost Schirmer）处理俄罗斯作曲家肖斯塔科维奇的音乐。博浩出版社（Boosey & Hawkes）是普罗科菲耶夫、斯特拉文斯基、科普兰等人的出版商。博浩出版社旗下还有其他一些知名品牌，都是不同的出版商，乐谱会更为昂贵。因此，当我策划演出曲目的时候，我需要思考：（1）我们已经收藏所需的音乐乐谱了吗？如果它在我的乐谱库中，那么它是免费的。（2）如果我必须购买它，那么我可以购买并收藏。（3）如果我必须租用它，那就必须设定排演计划，演完邮寄回出版商，因为我们只能用几个星期。复制租借的作品会因违法而被捕。因此，这也是编排节目的一部分，我需要预算，并按照预算来计划我需要考虑乐谱的价格，总谱、分谱，尤其是弦乐器的份额很大，我们需要许多弦乐器分谱，如第一小提琴、第二小提琴，等等。

吴：最近管弦乐团、合唱团都在排练威尔第的《安魂曲》，是在准备一场大型的演出吗？

卡：这是我们这学期计划中的演出，让学生练习与合唱团的合作。每隔两年或三年会定期进行一次与合唱团合作的大型演出，例如勃拉姆斯《安魂曲》、海顿《弥撒曲》等。这次演出，增添了一些现代的制作，是一套比较大型的排练节目。因为演出包含了合唱、视频，因此这更像是一场戏剧。这场演出我们外请了专门做这个项目的指挥，他用他指挥的方式，把所有内容糅合在一起。我只是准备好交响乐团的内容，苏珊教授准备合唱团的训练，外请指挥参加最后三场排练并进行了表演。相对于以往，这场表演稍有不同。在过去的 20 多年，我和合唱指挥苏珊定期合作音乐会，她负责合唱排练，我负责管弦乐队，但是我们轮流指挥音乐会上的演出。这类性质的音乐大概每两年一次。

吴：4月20日晚，由北卡罗来纳大学交响乐团、合唱团、室内乐团共同演出了"Defiant Requiem"（安魂曲）音乐会，其中独唱由音乐系4位声乐教授担任。此音乐会作品于2002年在俄勒冈州波特兰首演，在世界各地演出已超过40次。音乐会讲述了"二战"期间，在捷克斯洛伐克特雷欣集中营勇敢的犹太囚犯的故事。他们在集中营演唱了威尔第的这首《安魂曲》。音乐会结合了威尔第壮丽的音乐与当时在集中营演出这首作品的幸存者的视频，1944年宣传片"特莱西恩施塔特"的片段，以及指挥莫里·斯德霖等人的演讲。

您如何训练乐团的学生与合唱团的学生相互合作？

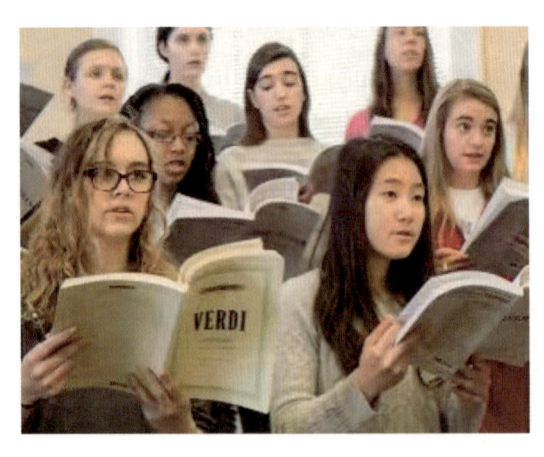

北卡罗来纳大学教堂山分校合唱团的学生们在排练威尔第的《安魂曲》

卡：这是一件困难的工作，因为他们必须了解合唱团的工作。乐团很容易演奏声音太大。乐团拥有大型乐器，有很多管乐、铜管乐和打击乐器，除非你有200位歌手，那还好。但是我们没有那么多歌手，卡罗来纳州合唱团只有80或90位歌手。如果加上室内歌手，最多将有100多位。我们必须小心使乐队与之相匹配。而且，歌手要学习如何聆听乐团的音乐。当他们学习乐曲时，大多数的排练都是用钢琴配乐的。他们用钢琴配乐练习很多周，然后他们来到我们这儿，交响乐团的声音会完全不同。而且他们离乐手更远，他们在后面，乐手在前面。也许他们听不到他们过去习惯听到的声音。因此，他们必须调整，从某种意义上说，歌手的调整要比乐团调整得多，这对他们来说难度更大。对我们乐团而言，我们前几个星期独自排练。当合唱团加入后，我们主要练习保持声音效果的平衡，并确保合唱团听到所有需要的声音，节奏必须适合每个人。每个人都要仔细倾听，合唱队员要听乐团，乐团也要听各声部。因此，这个每两年排练一次的节目都是大型排演，有很多很棒的音乐可供选择。

吴：排练时，您如何训练学生们相互倾听？

卡：彼此倾听，互相配合演奏很重要。弦乐演奏者在一个台子上彼此并排坐着，他们该如何演奏在一起？彼此关注对

北卡罗来纳大学教堂山分校交响乐团的学生们在演奏肖斯塔科维奇的作品

方的弓臂，聆听对方，彼此步调要一致。他们在排练过程中所学到的内容，也是我排练过程的一部分。我必须让他们知道他们需要关注什么，需要聆听什么。比如我可以告诉他们，你不在很重要的声部，或者这里有单簧管独奏，或者这里需要听着与你相配合的单簧管的音乐。总之，让他们各自了解自己的角色，以及它们在作品中的位置。大家在排练中明确各自的职责。比如现在双簧管在这里有条重要的旋律，大管只是在吹奏伴奏，或者在这里要听到大提琴的声音，因为旋律在那里，然后才是小提琴声部出来，之后你还需听到铜管小号的声音……诸如此类，他们会逐渐明白乐曲的结构、整体和配器，懂得每一个部分有多重要，要倾听什么以及乐曲中最重要的是什么，如何平衡。平衡所有乐器的能力非常重要，要保证主要乐器在乐曲过程中能得以彰显。比如有时铜管声部可能太响了，要告诉他们我们可能需要他们把音量降下去，为了听到声音比较弱的长笛和中提琴，中提琴往往在音乐中演奏着重要的音符，等等。因此，我的工作会注重平衡音乐的细节段落，根据乐章的情况进行权衡。

吴：您如何引导学生理解一首新的作品，并使他们喜欢上这些音乐？

卡：我认为有时要告诉他们更多关于作曲家的知识，以及在什么情况下写的这首作品。还有作曲家一生中发生的一切。作曲家在这篇乐曲中的想法,作曲家创作时的心情是什么。从这个角度来看,我们又该如何看待它呢?或者,如果他们发现特别困难的乐曲,我们必须找到一种使他们能够聆听它的方法。有时候,对于非常困难的片段,在我们开始排练时,我会带着录音并不断播放。这是录音,乐手们坐在那儿,他们面对音乐,边听边演练。或者他们不必跟随,他们可以只是听。我将尝试指出该乐曲中的某些内容,讨论该乐曲,并说明为什么这是一首美丽的乐曲,为什么这是一首重要的乐曲,为什么我觉得它很美,他们在演奏时会期待什么……他们听,然后我们才开始练习,这样过程会更容易些。至少,他们知道了这是目标,我们排练六周后要达到的目标。

我需要教给他们如何演奏勃拉姆斯,如何演奏柴可夫斯基,又如何演奏拉威尔。对不同的音乐风格,我们想要什么样的声音效果,音乐角色是什么,背景故事、其文化来源等,所有这些都是我的工作,要向他们提供丰富的信息和理解。虽然他们可以弹奏音符或节奏,但是我要教给他们如何演奏音乐本身的内涵。

当然,并非每个人都会喜欢每一部作品,每个人都有自己的偏好。有些人不喜欢柴可夫斯基,有些人不喜欢法国音乐,有些人不喜欢现代音乐。但没有关系,根据我编排了如此多的音乐的经验，每个人总会喜欢某些内容。

吴：作为北卡罗来纳大学交响乐团的音乐总监，您认为哪些是主要的挑战？

卡：多年来的挑战主要还是乐队人员的调配。比如我们哪些乐器的演奏员水平高一些？哪些演奏能力较弱？如果大家不在同一演奏水平时，我该如何排演水平参差不齐的乐团？如何将他们整合在一起，并使他们组成为一个真正的乐团？木管组与铜管乐组是很难糅合一体的，那怎样使他们在一起和谐地演奏？

另外，技术问题对乐团来说是很有挑战性的，怎样使困难的段落听起来还不错？我能给他们哪些更好的建议？我们的弦乐使用什么琴弓？谁来领奏每个章节？首席大提琴如何与其他乐手合在一起？这些都是非常具有挑战性的问题。另外，我如何挑选使该乐队听起来还不错的曲目，这一点也至关重要。如果我选择了不适合乐团的音乐，演出效果会不好，乐手们不但无法很好地演奏并且也不会享受这个过程。所以我在选择曲目的时候会扬长避短，发挥他们的特长。

吴：因为大学生要涉及毕业，所以乐团成员的流动性很大。您如何制订长期发展计划？

卡：学生乐团的困难在于每年都有新乐手。在这一年里，我们必须做很多培养的工作。从 8 月开始，一直到来年 4 月底都在努力培养和提高乐手的合奏能力。我们在一起排练，逐渐地越来越好，他们也知道我想要什么，我也知道他们会如何反应。但是在第二年的 8 月，每年大约又有三分之一的演奏员是新来的通过乐队考核的学生，因为有一部分已经毕业了，还有一部分训练过的演奏员因为学习太忙存在时间的冲突，第二年他们也不能演奏了。因为人员的巨大变化，所以每年秋天都要从头开始。因此，只有当越来越多的学生来到这里，我们招募到更有才华和技能的新学生来大学时，才能实现长期的发展，才可以排练更具挑战性的作品。不过持续了这么多年，我们一直在进步，20 年前我们还无法演奏现在演奏的作品，现在我们对乐队的工作有了更好的认识，每年都能招到更好的乐手。但是我们仍然无法改变每年秋天会有很多新面孔的事实，这些确实都是排练学生乐队并尝试更好地建设与发展的挑战。我们每一年的排练工作会存在一些相似性，但我会训练他们有良好的在乐队演奏的习惯。教乐团成员们如何一起排练，他们如何互相倾听，他们如何观察我的动作，如何能更好地掌握音乐的调式、调性，以及我如何激发他们的音乐感，等等。因此，通常秋天的第二场音乐会比第一场要好，因为我们一直在努力，他们也了解我期望的音乐会效果。

还有，我不能只从作品的角度考虑，还要考虑是否适合乐手。如果我有一些特别优秀的乐手，我想给他们更多的机会。比如如果我有长笛或单簧管手，我想找到长笛和单簧管的音乐，甚至是独奏。如果我们有一个优秀的长号手，就会选一部有好的长号元素的音乐作品。因此，如果我们有一些特别有天赋的乐手，我们想给他们更多的机会，更多的挑战。

吴：您享受这份工作中的乐趣吗？

卡：我希望年轻人会喜欢和欣赏美妙的音乐，我享受和年轻人一起创造音乐的过程，我希望交响乐团能一直延续下去。每一次排演前，我试图挑选他们喜欢并乐于演奏的音乐。当然有时也会选择他们不熟悉或不确定的作品。但是，随着我们一周又一周地研究它、练习它，他们会越来越喜欢这些作品。因此，到学期音乐会的时候，他们会在音乐会上非常享受。每学期末，乐团的学生们要填写关于他们的指挥或老师的评估表，他们可以自由写评论。就有一些乐手提到排练的某部作品，他们会说："一开始我并不真正喜欢那部作品，但是到表演时，我逐渐喜欢上了……"这说明，通过排练，他们成长了、成熟了，这对于我也很重要。当他们刚开始练习时，我为他们挑选的作品有些难以理解或在技术上还具有挑战性。但是我找到了一种使他们欣赏并理解它的方法，然后通过不断地研习，最终他们会逐渐喜欢上它。因此，对我来说，我会很享受这种感觉！这对乐队来说也很重要，因为他们将继续在音乐欣赏和音乐理解上不断发展。除了巴赫、海顿、贝多芬、勃拉姆斯、斯特拉文斯基、巴托克等之外，我排演的乐曲也有很多是他们并不熟悉的作曲家，或者是他们不太熟悉的艺术风格。比如，他们对西班牙音乐并不熟悉，但我想提高他们的音乐鉴赏力，了解不同风格的曲目。这就是我要编排许多不同种类的乐曲的原因，不仅仅是让他们大致了解常规乐团的音乐。我希望乐团在演奏不同种类的音乐风格时，会更加好奇和感兴趣，去欣赏广泛的历史、音乐风格和文化。

吴：我注意到您是先读哈佛大学的音乐系，之后再去世界上著名的音乐学院之一的柯蒂斯音乐学院就读，当时您是有计划这样选择的吗？

卡：是的。我去哈佛是因为它是一所大型的文科大学，就像我现在任教的大学北卡罗来纳大学教堂山分校一样，可以学习所有的门类。它拥有音乐专业，但是你同时也需要学习科学、文学和语言。当我17岁时，我不想只学习音乐，我想接受更广泛的教育，包括历史、英语文学、法语、德语、艺术等。我在哈佛参加了许多艺术史的课程。然后，我去了柯蒂斯，那可能是世界顶级音乐学院之一，很棒的音乐学院，但只是针对音乐。我选择在一所文科学校接受了广泛的教育之后，然后再去音乐学院，更专业地学习音乐。当然，我在哈佛也接受了很好的音乐教育，钢琴、作曲、音乐史，尤其是我在那里明确了自己的专业方向，之后专注于学习指挥，并投入更多的时间。当时我已经拥有一些其他背景的文化知识，所以学习的能力很强。我认为这两种方式的学习都同样重要！特别是对于指挥，必须是一个受过良好教育的人。他不仅需要了解音乐，还要了解哲学、语言、文学、历史、心理学、科学与艺术、戏剧和芭蕾舞，等等。所有这些会使你成为一个更有趣的人。而且，如果你对生活也有很好的理解，那会成为一个更完整的音乐诠释者。

阎惠昌：我们应像传家宝一样珍视民间传统中的音乐语言

被采访人：阎惠昌
采访人：吴林励
时间：2018年10月16日
地点：中央民族乐团

阎惠昌，香港中乐团艺术总监兼终身指挥，是享誉国内外乐坛的知名中国民族音乐指挥家。1997年6月起他任职于香港中乐团，1987年获颁授中国首届专业评级国家一级指挥。他对文化发展的贡献获各地政府表扬，包括香港特别行政区银紫荆星章、台湾第51届文艺奖章及台湾2018传艺金曲奖最佳指挥奖等。阎惠昌现应聘为上海音乐学院贺绿汀中国音乐高等研究院中国民族管弦乐研究中心主任及博士生导师、香港演艺学院荣誉院士及访问学者，并担任多个音乐院校客席及特聘教授，同时还是中国音乐家协会及中国文联全国委员会理事、陕西省广播电视民族乐团荣誉音乐总监。2013—2017年，他应邀出任中国台湾国乐团首席客席指挥及音乐总监，培养了一批指挥人才。

阎惠昌带领香港中乐团创下多个中乐发展的里程碑，经常获邀到世界各地知名艺术节及音乐节献演，其艺术成就得到各界肯定。他全方位拓展香港中乐团，推动委约作品；积极与不同界别互动，探索交融；领导发展乐器改革，倡议香港演艺学院与香港中乐团合作并实施"专业乐团实习计划"；倡议创立全球首个中乐乐队学院；创办数个主题器乐节；于香港演艺学院开设中乐指挥硕士课程；倡议举办及主持多次中乐国际研讨会及高峰论坛；创办全球首个国际中乐指挥大赛，被赵季平誉为"中国音乐发展史上的里程碑"。

1984 年，阎惠昌任中央民族乐团首席指挥，演出自己大学毕业获奖作品《水之声》

    阎惠昌师从著名指挥家夏飞云，作曲家胡登跳、何占豪等教授，于 1983 年以优异成绩毕业于上海音乐学院，随即受聘为中央民族乐团首席指挥兼乐队艺术指导。除中乐指挥外，他亦曾获邀担任西洋交响乐团指挥，曾合作的乐团有中国国家交响乐团、北京交响乐团、上海交响乐团、深圳交响乐团、俄罗斯爱乐管弦乐团及浙江交响乐团等。阎惠昌同时也是一位十分活跃的作曲家，创作的乐曲屡次获得国家大奖。

吴林励（以下简称"吴"）：阎总监，您好！您接任香港中乐团已有20多年，香港中乐团发展迅速，如今已经成长为一个多功能的中乐基地。请您简单谈谈香港中乐团的发展概况。

阎惠昌（以下简称"阎"）：我是在香港回归前夕接任的，这些年做了大量的推广中国文化的工作。更重要的是，2001年乐团开始公司化管理：乐团需要的经费仍由政府拨款，乐团发展大方向由乐团理事会决策，具体艺术及行政管理由两位总监决定，这样一来为乐团发展提供了更加专业、宽广的空间。乐团的发展有三个标志：第一是乐团为市民提供专业的、雅俗共赏的各类型音乐会；第二是一个多元化的文化艺术团体，突破原有的演出团体功能，集演出、教育、科研、社区推广于一体，这大大拓展了香港中乐团的文化功能；第三是在艺术上追求音乐的最高境界的精神。香港中乐团的使命宣言是："齐心致力于奉献卓越的中乐艺术，紧贴时代脉搏，发挥专业精神，追求音乐最高境界，成为香港人引以为荣的世界级乐团。"我们在艺术上精益求精，观众和演奏家共同评分。每个音乐会完成后，乐团各声部首席及团员必须填写演后评核来总结，比如，专业是否合格？是否合乎乐团水准？曲目怎样？邀请的客席指挥能力如何？排练效率如何？演出台风如何？演出效果怎样？合作的远景如何？等等。

香港中乐团深入社区，举行许多与民同乐的大型活动。

2003年面对非典疫情开展鼓乐节,大大鼓舞了香港市民。鼓乐节的"鼓王挑战赛"冠军会被邀请参与中乐团正式的音乐会演出。今年我们还加入了传统与创新狮鼓项目,参与的市民从3岁孩子到90岁老人,甚至还包括监狱囚犯、残障人士等。鼓乐节演出两台音乐会,分别为国际鼓乐和中国鼓乐,专业和普及共同发展。我们还开展了古筝节、笛箫节、作曲比赛,等等。

在教育方面,我们也分专业和普及。在与专业院校合作方面,我们与香港演艺学院开创了"专业乐团实习计划",与

阎惠昌指挥香港中乐团演出现场

西安音乐学院成立了乐队学院。根据各地音乐院校需要进行甄选来香港乐队学院交流学习。例如西安音乐学院、沈阳音乐学院、中国音乐学院附中、安徽师范大学、山东民族乐团，等等。

乐团的成长关键还是靠训练。训练的理念、要求和程度决定了乐团发展的高度。我认为指挥对乐器的熟稔很重要，不仅仅是理解乐谱，还要理解了乐器的各种性能，才能把乐器的潜能发挥出来。

吴：乐器的背后还有深厚的人文传统和美学内涵，指挥对乐器的理解的确至关重要。再请您谈谈在全面继承彭修文创建的民族管弦乐队和指挥艺术的基础上，您还做了哪些新的突破？

阎：很多人把我归类到彭先生的继承者，对此我也很高兴。因为彭修文是我的偶像和老师，我认为他就是中国的卡拉扬，他把一切的心思都放在音乐上，他对所有的民族乐器都了如指掌。在追求怎样把西方交响乐的概念和中国民族乐团相结合，什么样的表达方式最适合中国民族管弦乐队等方面，他做了不懈的努力。他虽然没有读过音乐学院，却尽全力做了很多别人没有做到的事情。他一辈子都在不断地尝试、挖掘，一直在追求中国音乐的声音美学境界，追求中国音乐语言的韵味，不管是写作还是演出，他都贯彻着这些原则。

他的创作特点不仅仅是追求民族管弦乐的共性，还尽可

香港中乐团《刘邦·项羽·兵马俑》演出海报

能发挥中国乐器的独特个性及各种可能性。他创作的《四季组曲》描写了十二个月，在每一个乐章里尝试各种乐器的组合方式，选用对应的乐器进行个性的展示。之所以能达到如此的效果，是因为他对民族乐器太了解了。

彭修文先生很有群众观点，音乐语言非常接地气。他的音乐很少有听众觉得听不懂的。小曲、舞曲、京韵大鼓一出来就有那味儿，他的民族乐队作品一般都有特殊的韵味。他把室内乐合奏、独奏和伴奏等多种形式都表现到了极致，如套曲《四季组曲》，幻想曲《秦·兵马俑》等。他把西方管弦乐队的交响性发挥成功的一个代表作是《流水操》。他对戏曲改编非常成功的代表作是《乱云飞》，把戏曲的唱腔变成民族管弦乐的音乐语音，从而使其成为非常独特的一部作品。如果你不懂戏曲，你根本指挥不出民族管弦乐的味道。这一点对于缺乏戏曲音乐训练的指挥是较难表达出来的。

吴：接任香港中乐团以来，您认为自己和前辈们的不同之处在于哪些方面呢？

阎：前辈们已经为我们建立了坚实的发展基础，我只是在此基础上继续努力。我们很重视乐器改革，特别是环保胡琴系列。同一首作品，你听香港中乐团演奏，效果会有些不同。我们的低音乐器不是板振动，而采用上海音乐学院杨雨森教授在20世纪60年代创立的板膜共振原理，它和所有皮膜类振动的胡琴能自然地扣在一起，而且音色不会受到气候的影响。通常有些民族乐器的音准、音色、乐团声音的协和度等艺术水准会受到多种因素的影响。除了乐器的制作工艺等物理因素外，参与演奏的指挥、演奏员因素也是最大的因素。但香港中乐团用最大的努力与相关乐器制造厂家合作解决乐器问题，通过严格的日常训练解决人为的演奏水准问题，把追求民族乐队最好的声音作为头等大事来抓。郭文景教授对香港中乐团于2008年国家大剧院开幕季的音乐会上的演奏，曾在中国民族管弦乐学会举办的研讨会上有这样的评价："第一，从来没听到一个乐团的音可以这么准。第二，从来没听过一个民乐团音量变化的幅度可以这么大。第三，从来没听过一个民乐团的渐强和渐弱可以这么均匀。第四，从来没听过一个民乐团把音乐演奏得这么准确。"作曲家高为杰教授认为："我们现在不用再争吵了，大家说民族乐团乐器有问题，没办法做到音准协和，但香港中乐团都解决了。"但那时，我们的环保胡琴系列还没有完成，其中只有高胡、中胡、革胡及低音革胡，2009年9月我们出访比利时音乐节时首次完成了整个胡琴系列，乐队的胡琴系列发出更加和谐、稳定、动态更大的音响。

在彭修文先生那个年代，他也很重视乐器改革。关于阮的改革，当时靠彭先生、广播乐团弹大阮的王仲丙先生，还有

香港中乐团环保胡琴测试情景

弹扬琴的杨竞明先生。彭先生是广播民族乐团乐器改革的先锋，包括对他的大马头琴等都进行了改革。我和他的理念不同之处是针对中乐团的整体声部改革。西方管弦乐团的基础声部是板类振动开F孔的弓弦乐器，而民族乐团的基础声部则是以皮膜振动的弓弦乐器加板类振动的弹拨乐器。弹弦乐器和拉弦乐器组成的中国民族乐队基础声部，如果再加上吹管组共性很强的笙组，这才是真正中国民乐队的基础声部。当时我的作曲老师胡登跳先生提出民族乐队的基础声部是拉弦和弹拨组成的"弦索"。他说的"弦索乐"来自清代宫廷的"弦索十三套"。我的观念来自恩师胡登跳，但我认为笙是最和谐的乐器，所以在中央民族乐团时期，我将笙声部加到最大。以前彭先生做的改革马头琴也是板类振动，振动原理和音色与西洋大提琴无异。香港中乐团的基础声部是拉弦和弹拨再加上笙。我们采用革胡，是因为它是板膜共振低音乐器，能和皮膜类拉弓弦乐器及板类振动的弹拨乐器更好地融合。我们不断革新，现在已经做到了第二代，目前我们刚完成最新版，效果很好。

吴：民族管弦乐团的乐器改革势在必行，但这是否很难在短期实现呢？

阎：乐器改革是一个长期的过程。比如笙的问题，高音笙的问题解决了，但中、低音笙的簧片无论音准还是音色都非常不稳定。在目前国家工业化高标准精密度的发展现状下，簧片远远没有达到理想水准。这是一个综合性的、高端的技术问题，国家要订立更高的质量标准才能改善。在管弦乐团，乐器与乐器之间音准的差异是不能大于四个音分的，有些乐团要求更高，不能超过三个音分。中国轻工业部给苏州乐器厂的标准是不超过十六个音分，就归为合格。三个音分可能还听不出来，普通人对四个音分就能很清楚地辨别出来了。十六个音分，大家都能听出来。我们已经研究四五年了。这些问题如果不解决好，始终是民族乐团发展的阻碍。除了笙的问题，还有次中音唢呐和低音唢呐等，每一把乐器在音准上都容易有偏差，这一点和西方乐器的质量差别很大。中国乐器买回来经常需要反复地修理和调整才能达到专业演奏要求，但那些本身没有解决基本材料或设计缺陷的大型的乐器，演奏家也只能做有限的调整，令人叹息。

另一个重要的问题是律学的问题。哪些声音需要调整和规范？声音的标准是什么？音高的概念（律学的概念）到底根据什么标准去制定？这是要逐步规范的。西方管弦乐团在律制方面，纯律和十二平均律是混用的，大部分乐器如管乐、弦乐都可以调整。民乐团就很难，当你演完北方京剧作品接着演一首广东音乐的时候，你会发现音准立刻变得不和谐了。弹拨乐器的十二平均律和广东的民间七律完全不谐和。民乐有很多种律制，它的音高律制是很复杂的，例如一些特别乐种如广东的七平均律、潮州音乐的"轻三、重六、活五"、陕西秦腔音乐的"欢音、苦音"，等等。目前，理论研究和实际运用还没有有效衔接，当下紧迫需要的是建立标准，其中声音标准和音高概念都很重要。当然，音高的概念来自律制。民乐团在演奏中，很多音是不能调和的，比如印度尼西亚和我们的律制是完全不相合的。所以首先要调人，把人调好，人的耳朵要建立多个律制标准，什么音乐用什么律制，全面混为一谈是不可能的，要在这里面找一个中庸之道。以谁为主，乐队其他声部的音高就要往它靠。在西方交响乐队，演奏钢琴协奏曲，弦乐、木管等乐器就要向十二平均律的钢琴靠。民乐里，指挥、作曲家要明白和弦中间的哪个音叫"摇声"音（大于25—50个音分以上的音的波动），长时间的大颤音（摇声）是一定不能交给弹拨声部的，只能给弦乐组，这些都需要做得很精准。当然，如果是作曲家写现代风格的作品，那就得另当别论了。但一旦创作与传统的乐种和文化联系起来，就需要考虑到律制问题。

吴：这么看来这个问题已经迫在眉睫了，不过这方面我们以前在学校里接触得不多。

阎：所以我一直强调音乐学院的视唱练耳教学不能全盘

西化。中国的律制是什么？阿拉伯的律制是什么？东南亚、韩国、日本和中国的律制都不一样，中国的陕西和新疆的音乐也不一样，等等。我们在学习中是需要了解这些区别的，要了解不同的律制。现在音乐学院培养出来的学生，他们的音高观念都是十二平均律，跟着钢琴练耳，这是一个悲剧，是音乐学院教育多年完全崇尚西方的后果。

吴：谈到音乐学院的教育，您近来被委任为刚成立的上海音乐学院贺绿汀中国音乐高等研究院中国民族管弦乐研究中心主任，您在那里主要做哪些工作呢？

阎：是的，我担任中心的主任。我们最近与中国内地、香港、台湾、澳门，以及新加坡等地的专业民族乐团共同创立了"中华国乐合作发展联盟"，我们希望凝聚大家的力量，做一些相关的学术研究和大型的活动，如台北市的器乐大赛、香港中乐团举办的国际中乐指挥大赛。比赛获奖者将会在联盟内的乐团得到演出机会，这有利于这些优秀的青年音乐家的发展。

谭盾先生写给香港中乐团十周年的文章说过，昨天＋明天＝今天我们要做的。我非常欣赏这句话。我们要好好总结前人的经验，向他们学习，更要敢于幻想明天想做的事，在两者之间寻找今天最应该做的事，这样我们成功的概率就会大些。

香港中乐团国际中乐指挥大师班课堂

吴：您在接任香港中乐团后积累了大量新的民族管弦乐创作，请谈谈您对中国的古曲改编、改编的西乐作品以及委约的原创作品的看法。

阎：香港中乐团的艺术标准是：植根传统，锐意创新，不拘一格，自成一体。香港是个国际化都市，香港中乐团是个都市化的乐团，所以不要画地为牢。我很尊崇李西安先生在 20 世纪90年代的一篇文章《文化转型和国乐的张力场结构》，我从这篇文章大受启发。未来香港中乐团委约的作品，目标是张扬它的传统，不断扩充它的表现力，它里面的风格可以是多样化的，民族管弦乐应该包括各种表达方式。我们将减少改编西乐作品，因为东西方声音的美学、本质是不同的。你用一批唢呐去吹西方铜管乐作品，吹得再好也不是那回事儿，因为物理属性不同，声音怪怪的，我认为这条路是行不通的。我委约作曲家只是为香港中乐团而写，这是独一无二的，可以命题创作或不命题创作，委约作品有可能成功，也有可能失败，但这两方面都很重要，因为这是有意义的尝试。例如香港作曲家陈明志的现代管弦乐作品《精·气·神》刚完成的时候，全曲没有一句旋律，有人听了说是神经病。作曲家说这首作品不仅仅是写给现在的，更是写给未来的。这是他20年前的作品，结果今天我们走到哪儿，无论是国内还是国外，这首作品都大受欢迎。这首作品虽然没有一句旋律，但它的理念是彰显民族乐器的个性，这是从中国传统而来的，这些个性组合在一起，演绎成新的音响特点。20年后，这首作品成了我们团的常演曲目。再如我曾委约朱践耳先生写民族管弦乐《悲调》，之后这首作品作者再改编成西方管弦乐作品，请上海交响乐团演奏。后来碰到他，他告诉我，怎么听怎么都觉得不满意，味道完全变了。显然这首作品不适合西方管弦乐队，而只适合民族管弦乐队演奏。

与朱践耳夫妇讨论总谱

吴：乐团的指挥往往在中外音乐文化交流上起着关键性的作用。您怎样安排出国演出的曲目？反响怎样？

阎：去国外演出我们不会做专题性的音乐会，比如我演5首作品，我会选择5首风格有巨大差异的作品。为什么呢？因为我想要表现民族乐团的多样性、文化的多元性。西方的观众反应很好，他们觉得乐团很专业化而不是猎奇的。我这样安排是有原因的：香港中乐团2005年去美国巡演，我选了一些作品，我当时认为作品很丰富。可是在华盛顿有个权威乐评这样评价："这个乐团演奏很专业，但是不是中国的专业作曲家很少，为什么他们写来写去风格都一样呢？"当时我感觉很突然，我觉得这些作品风格的对比度很大，有刘文金、彭修文、谭盾等作曲家的创作，他们的风格相差是很大的。但美国评论家却觉得风格都差不多。后来我再一想，如果我听西方古典音乐莫扎特、海顿的作品，我也会觉得差别不太大。除非你做了深入了解和研究，你才会感觉到作品之间的差异。这件事对我感触很深，后来出国巡演我重新设计曲目。例如一上场演山西民间打击乐改编的《大得胜》，接着演很柔美的传统曲目《良宵》，再接下来演现代作品《精·气·神》，之后很可能演赵季平

美国卡内基音乐厅演出作曲家赵季平的《庄周梦》

的管子协奏曲《丝绸之路幻想组曲》……这些乐曲变化的幅度特别大，但基本遵循了从古到今的规律，演出效果非常好！

关于国际文化交流我再谈谈香港中乐团的历史。吴大江是第一任总监，他当年找了一位英国的爵士音乐家白德先生担任他的助手，找了以色列的指挥家来训练乐团。1979年乐团先后首演了香港现代音乐之父林乐培创作的《秋决》《昆虫世界》等作品。1997年我接任乐团总监时已演出非华人作曲家写的16部作品。在早期内地这方面的历史几乎是空白的。当时乐团最重要的人物是音乐总监，因为他决定音乐发展的方向。如果音乐总监对乐器的音色、音乐背后的文化根本不了解，这样是没办法做到东西方文化融合的。乐团发展的目标需要明确的、经典的和传统的中国语言，不能丢了中国传统的文化。虽然西方管弦乐指挥担任客席可以训练乐队的音准、节奏，声音的平衡，但是不能丢了中国传统文化的魂。我们民间传统中所有的音乐语言、音色，所有美学认知和文化内涵，我们应把它们当传家宝来珍视。这个中心点特别重要，可以说，其他都是为这点服务的。中国的乐器如何表达，如何更好地呈现中国音乐作品背后深厚的传统文化是至关重要的。只要把握住这个中心点，对这个目标有所帮助，我们都可以广泛地去吸收。另外，民乐团如果演奏西方古典音乐作品，我们也要尽量做到不逊色，这样才是国际化的乐团。

香港中乐团与昆曲王子张军的跨界音乐会海报

◇ 延伸阅读

香港中乐团环保胡琴系列是乐团为发展民族管弦乐新型的整体音响而创制的改革乐器。设计理念贯穿环保、传承和创新三方面,其核心的工程包括:筛选出多种可再生的 PET 聚酯纤维膜取代蟒蛇皮,以实现环保之目标,以科学的计算法重新设计共鸣箱,大幅提升乐器的物理功能。高胡、二胡、中胡的改革重点,是在保留传统乐器的音色和演奏法的基础上,扩张其表现力。而革胡和低音革胡的改革,则从乐团的整体音响结构出发,创造适合现代民族管弦乐团使用的民族拉弦低音乐器。整套膜振弦乐器在横跨 6 组 8 度的音域里,音色融成一体,音量较传统弦乐器大三分之一以上,实现了整体音响在层次、织体、质感、厚度、响亮度上前所未有的突破。这种具典型的中国胡琴韵味音色亦具交响功能的音响,更具有丰富的表现力和艺术感染力。新的整体音响为民族音乐的发展开拓新的空间。

香港中乐团环保胡琴系列荣获"环保品牌大奖"(2018)、U Green Awards "杰出绿色贡献大奖——文化与艺术"(2015、2016)、"香港环保卓越计划"颁发"2013 环保创意卓越奖"(2014)、"第四届文化部创新奖"(2012)。

第一代环保胡琴研发于 2005 年开始,2009 年整体完成。2014

年完成第二代，2019年进入第三代。目前演出场次迈向1500场。三代环保胡琴研发的目的是配合艺术总监的整体发展布局。通过乐器功能的改良，扩展乐曲表现力及提高演奏水准。通过三者的循环互动为乐团带来质的改变，全方位提高乐团的层级。环保胡琴结构性改革的灵感与突破点，均源自对现场演出的观察，研究室的设计、实验，通过多场演出验证后，调整、定型。经过艺术小组审核，最后由艺术总监拍板进入乐队使用。经此程序诞生的三代环保胡琴具备很高的科学性与实用性，也迎来了乐团水准的不断提升。[1]

香港中乐团"中乐百首精选"网上音乐厅已上架，读者可搜寻到多部民族管弦乐精品。如关乃忠的《管弦丝竹知多少》选用江苏民歌《茉莉花》为主题，变奏发展，并将各种乐器的介绍融入这首乐曲之中。再如赵季平通过父亲的丝绸之路的画作，从千变万化的构图、笔触和线条中萌发灵感，创作由《长安别》《古道吟》《凉州乐》《楼兰梦》《龟兹舞》组成的管子协奏曲《丝绸之路幻想组曲》，等等。

---

[1] 参见研究及发展部研究员、乐器研究改革主任阮仕春2019年12月2日在香港中乐团网站上的发言。

许知俊：指挥是从谱面走向内心的过程

被采访人：许知俊
采访人：吴林励
时间：2019年2月21日
地点：中国音乐学院附近咖啡馆

许知俊，毕业于中央音乐学院院作曲系、指挥系，获两个专业的学位证书。现任中央歌剧院常任指挥，中国音乐学院特聘教授、硕士生导师。他是活跃在当今乐坛的著名指挥家，与海内外许多乐团和剧院有着很好的合作，曾出访欧洲、美洲、非洲等地，并在一些著名的音乐殿堂执棒演出，如林肯艺术中心、肯尼迪艺术中心、芝加哥爱乐大厅、旧金山爱乐大厅、巴黎香榭丽舍大剧院、阿姆斯特丹皇家音乐厅、克里姆林宫大剧院、圣彼得堡马林斯基剧院、雅典卫城古剧场。其指挥风格大气而亲和，极富歌唱性和感染力，指挥领域广泛，包括歌曲、交响乐、民族管弦乐、合唱、交响戏曲等。首演的大型作品有歌剧《马可·波罗》《羽娘》《钓鱼城》《导弹司令》《雪原》，交响京剧《郑和下西洋》，交响锡剧《天涯歌女》，音乐诗剧《牛郎织女》，舞剧《花木兰》等。

吴林励（以下简称"吴"）：您被圈里人戏称为"开乐队4S店的"，大家公认您排练乐队的效率特别高，几天就能让乐队变个样儿，这是否与您作曲和指挥双专业的学习经历有关？

许知俊（以下简称"许"）：的确，我越来越意识到早年大量的作曲技能训练对我有很大的影响。我认为作曲家创作的过程是从内心走向谱面的过程，指挥家是从谱面走向内心的过程。当我准备总谱时，尤其是面对原创性的、没有任何音响资料可借鉴的时候，那些训练已经让我形成一种思维方式和习惯。当作曲家创作一部作品，首先要去寻求一个声音。这个声音是从哪里来的？为什么要这样写？这往往是作曲家最首要的思考。经过大量类似的训练和工作之后，就会逐渐形成一种艺术直觉：我要创作的音乐到底是什么？然后会去思考：我能在什么情况下选择一种音区、音色、和声、织体、句法表达以及结构安排。当常年的经历形成了这样的思考习惯之后，想法就会越来越细腻和敏感，对总谱会产生一种类似于直觉的反应。

其实，我最被音乐感动的时刻，往往是独自在阅读总谱的时候，并不是在排练的过程中。因为当我在实践排练时，我就像一部高效运转的机器，随时需要与乐队互动、做出判断和决定。而当我独自阅读总谱时，所有的声音都在我想象的空间范围内，特别是随着自己指挥经历的积累，我听到的声音越来越多，会去准确地判断每一个声音是不是我想要的。而且当你看到那个音符时，这种想法会越来越鲜明。记得一件很有意思的事儿，我曾经有一次短暂的、与李德伦大师面对面聊天的机会。当时我问了好多问题后，都觉得没什么价值，我琢磨着问一个有点儿水平的问题。我突然说："您能否告诉我在苏联学习时是怎么考试的？"李德伦立刻谈了他印象深刻的一次经历：有一次他抱着总谱进考场准备考柴可夫斯基第六交响乐，当时主考官一开口就问："你能不能在钢琴上弹一下展开部的第一个和弦?"当时他一听就蒙了……回头一想,和声布局的确是重要的创作构思的证据之一。这事儿对当时我这个学指挥学得一知半解的愣头小伙儿影响特别大。和声当然是作曲家构思的重要标准之一,我们学习乐段、奏鸣曲到各种变体等,都离不开和声构思。在分析这些和声的时候,传统起到什么作用?然后作曲家的个性起到什么作用?这些我们都需要认真思考。柴可夫斯基第六交响乐的"展开部"从下属和弦开始展开,你从一开始就要有这个声音结构的印象。你还需要进一步思考:柴可夫斯基为什么要选择用这个和弦放在"展开部"的开始?他在这样的构思意图上创作出来的作品,给你带来的体验和感受是什么?德彪西、肖邦为什么一个和声就能带来那么多不同的意境?再比如,在乐器的演奏法、对音区的选择、和声的选择、织体的选择、句法的表达以及结构的安排等方面,对这些细致的观察也让我越来越清楚、鲜明地了解作曲家的意图。只要看着总谱上的音符,我对声音就开始想象,我也非常享受读总谱的过程。

所以你想真正地获得对一部作品的理解,就要对总谱建立一系列的观察和理性认知的把握。之后,你再开始深入音和音之间的关系、横向的关系和纵向的关系。这些关系的比重是怎么变化的?你的感受又如何随之变化?因为西方音乐是一个多声部多线条的音乐,它重视纵向和横向的关系。

吴：为什么您会特别注重体验作品里的句法及一些细节带来的感受？

许：我认为研究一杯酒，可以有很多种办法，但品尝哪一口是最重要的。就像大厨师为什么要选择这样的程序来做这样的菜？你要去品尝它的味道，体验它带给你的一系列感受。换言之，指挥面对一部作品，鉴赏和品味，重视它带给我们的感受，我认为这是最根本的。另外，分享一种关于指挥的美学思想：指挥就好像是作曲家的信差。言外之意是指挥要忠实于作品，谦卑地表达作曲家的意图，忠诚地把信件送到，而不是自己胡乱地去发挥。但是指挥送信的这个过程并不是被动的，他的参与感同样是至关重要的。甚至他表达的内容也是经过长期思考的，和作曲家想表达的内容有同构的关系。指挥家不断地去解读不同作曲家的作品，包括不同的流派、不同的风格。事实上，作曲家就是一群不同性格的人，他们在用不同的方式去理解同一件事情。

吴：您认为作曲家创作思考的根本动力是什么？

许：我想，为什么作曲家一宿一宿地不睡觉？整晚思考不出结果。我想思考的根本还是他们创作的音乐，在寻找他要写的音乐到底给人带来一种什么样的感受。

吴：我记得在一次演出活动中遇到您，您说起每次去外地演出总会提前一天到达目的地，为什么呢？

许：我之所以每次演出都选择提前一天到，是因为在我年轻的时候，排练厅给我的压力还是很大的。排练期间，有时会让一个很聪明的人变得很傻，因为你很容易遇到没有主意的时候，也就是当问题突然发生时，你没有在最短的时间内做出正确的判断，或者说你判断失误了，这些都是让我很不能够接受的事情。所以我选择提前一天到达排练现场，其实是为了让自己有更多的时间去准备"指挥"这件事情。指挥需要用大量的时间去学习和准备，在实践中必须快速地觉察问题并形成直觉，正确地去判断。其实这就是熟能生巧，没有别的捷径，只有通过不断练习，靠经验才能够把功力推到那个火候。也许别人练两遍，你得练十遍，但是十遍之后你的功力有可能会提升到那个高度。我考上音乐学院的时候，其实是属于基础特别差的，走到今天真的是通过不断练习、实践和总结经验。

吴：您指挥一些歌唱性强的作品，往往能把音乐发挥得淋漓尽致，乐队成员也享受在其中。请谈谈您的秘诀？

许：关于歌唱性这个问题，我想是因为我年轻时看了许多我们那一代指挥大师们的录像。像卡拉扬、伯恩斯坦……他们都是在这方面登峰造极的大家，每个人歌唱的方式都不太

许知俊指挥的《梁祝》奏响大剧院周末音乐会

一样。尤其是我会看很多卡拉扬指挥歌剧的资料,我特别地沉浸和享受在其中。对于我来说,我认为歌唱性是最重要的!我对歌曲的爱好也应该是走在一条正确的路上。这主要有以下几个原因:首先,因为我的故乡在新疆。在那儿,人人都热爱歌唱,个个都能歌善舞,那里的音乐就有天然的句法。面对美好的景色风光,天然的、顺畅的气息就能被引发,人对歌唱的热爱能唤起我们的乐感,唤起我们对音乐的需要。新疆有许多美丽的民歌,那些民歌大都具有很强的歌唱性。

吴:是的,如果没有很强的歌唱性,它也留存不下来。这些民歌有着极强的生命力。

许：的确，它能让歌唱的人体验到旋律的艺术美感，体验到那份欢乐。其次，我有一段学习演奏单簧管的经历，这也是一个长时间训练呼吸的过程。我一直认为呼吸的训练不仅仅是观念上的，更是技能上的。因为仅是观念上的训练，是解决不了问题的。唱歌的人运用呼吸来表达音乐，指挥同样也是可以做到的，并且能完成得和他们一样，这样你和歌唱者的呼吸就有了契合点，歌唱性也会表现得更好。我小时候去中央院团跟何复兴老师学习过单簧管，虽然只有一年的时间，但是他对我的影响特别大。当年何老师与钢琴家殷承宗、小提琴家林耀基他们一起被公派到列宁格勒音乐学院留学。那时中苏的关系非常好，他们学到了正确的古典音乐语言，学通了古典音乐。比如莫扎特的音乐，多年以后我才明白什么才是真正的连音（legato）。

吴：学习地道的音乐语言、追求有质感的好声音是非常重要的。

许：这个好声音真是要经过千锤百炼的，要朝着那个标准，通过呼吸、位置的调整、试炼，反复去练习。何老师强调让我去学习调换声音位置，他要求调换吹的声音位置来保持旋律中纯正的音乐美感。当时这一点对我的启发特别大。

吴：可以理解为他教您像学母语一般地去学习古典音乐吗？

许：是的，记得当年，我吹韦伯的一首黑管协奏曲，当时吹完后还挺得意的，觉得自己吹这首乐曲很有把握。结果何老师听完后沉默了片刻说："你的感觉很对，你的理解也很对，对这个英雄的形象理解得非常不错……"停顿了几秒钟后，他接着说，"可是，这个英雄形象不能傻呀！"（哈哈）我对这段的回忆印象太深刻了，真不能犯傻！之后，他用了很多经典的作品来让我学习，严格地训练我，回课不合格就是过不去。渐渐地，让我从血脉里体会到古典音乐的美感。

再打个比方，这就好像做意大利的面包。这种面包的取材是什么？工艺怎么样？程序是什么？为什么在那个程序中要多一道这样的环节？这些都太重要了。而何复兴老师他们去俄罗斯留学是真的学明白了这些奥妙。他们不但知道这个"面包"要烤成什么样，还知道怎么烤成那样，对我来说这段学习的经历是非常难得的，甚至是不可替代的。在那样的年龄，给我树立了"好"与"不好"的、正确的声音标准。我在何老师的教导下一次又一次地向那个标准练习，练习作品中音的发音方式，练习作品涉及的那一时期的音乐风格，等等。之后我才明白，那一段时期的黑管练习对我艺术生涯的帮助太大了。那种对声音标准和规格的追求就好像融进了我的血肉，慢慢地身体就长成那样了。你老在那儿琢磨某个声音的品质、规格和发音的原则，这就好像在欣赏一块美丽的玉，研究为什么它有价值，它的价值在哪儿。多年以来，我已经形成了一个习惯，在读总谱之前对听到的任何音响都很排斥，一定要让自己独立地对声音有一个理念标准，我清楚我要的声音是什么样的"成色"。这些对我后来游刃有余地面对中国原创歌剧都特别有益。

最后，我要感谢当年自己和歌剧院的歌唱家们打成一片，那时我满耳都是经典的歌剧唱段。在歌剧院里，我有两三年的时间几乎天天和歌唱家袁晨野"泡"在一起。我是属于"好为人师"型的，他也很想多了解一些总谱的内容，所以我们天天在一起交流音乐，有聊得很投机的时候，但大部分是有争议的。我们每天都在舞台艺术的最前沿，一起一个字、一个字地琢磨具体的作品，我俩共同探索，深入研究作品的细节。这一段经历对我来说也是很有影响且特别难忘的。现在我依然还是个喜欢琢磨和探索的人。指挥原创的歌剧、交响合唱，也是我比较强项的一面。

重视正确歌唱的能力，对学习指挥的年轻人来说很重要。

吴：您从音乐学院毕业就一直在中央歌剧院工作，指挥了大量的原创民族歌剧，如《马可·波罗》《英雄》《羽娘》《回家》《雪原》《尘埃落定》等多部中国歌剧的首演。请您谈

许知俊《荣归故里》音乐会奏响

谈不久前上演的歌剧《尘埃落定》吧!

许:我刚演完重庆歌剧院制作的歌剧《尘埃落定》,这一次的创作班子组合如编剧、作曲、导演都非常好。孟卫东的创作很棒,戏剧性、国际化的音乐语言,他的音乐整体上都有很出色的表现。王世光(中央歌剧院原院长、作曲家)曾经说过:"中国歌剧最大的问题就是一首歌接一首歌,歌曲创作和歌剧创作是不一样的,一首接一首,就像高频和低频都被删掉了,好像广播播音员在念稿。"歌剧是戏剧的音乐,要求每时每刻的语气都要在戏里。作曲家需要表达人性的冲突,强调戏剧性。一部戏往往是在讲一个故事,故事通过戏剧的冲突来表现,戏剧里最冲突的时刻也许不是激烈的场面,而是人物情感上的冲突。比如歌剧《尘埃落定》里,土司太太临终前演唱的《咏叹调》、旧制度瓦解时二少爷的呐喊……这些段落的情感冲突都很大,戏剧性也很强,音乐起着主导的作用。另外,把握结构也是重要的一方面,找到歌剧的黄金分割点。如"生离死别"往往是歌剧情感冲突最强烈的时刻,如何把这一个点尽可能地放大,从酝酿、积累到最高点,这些都很考验指挥的功力。指挥现场就是通过轻重缓急、强弱快慢的手段来驾驭整部歌剧,无论是渐变还是突变,一定要有高点。作为指挥要懂得戏剧的原理,知道怎么去强化这些来表现人物性格、情绪和情感冲突。

吴:如果说戏剧性是歌剧的主导,那么指挥和导演的目标是一致的吗?

许:音乐实际是为了表达人物、人性。导演也是为了表达人物、人性,两者之间不是对立的,指挥和导演的目标都是戏剧,这是一个整体。而且歌剧有强烈的形式感,当这场戏激烈得不得了的时候,你不用非要搞清楚"角色"在说什么词儿,声音要打动你才是最重要的,其余的都不用太较真儿,歌剧演员是不同于话剧演员的。所以指挥和导演对这个概念要明白,要有全面的认识,都是为了同一个目标,只是从不同的角度去实现它。所以指挥和导演要相互理解,共同合作。

2021年11月,歌剧《尘埃落定》在第四届中国歌剧节上演

意大利的歌剧在200年前就形成了一个套路，目的是调动人的情绪和感受。比如罗西尼创作的所有成功的歌剧都有个经典的模板，这是千百年传下来的。也许他们的生活里就有这些，所以罗西尼作曲毫不费劲，甚至并不需要过多地去推敲，这些音乐表达都有着多年的传统、约定俗成的观念，他的作品怎么唱都是顺的。

在《尘埃落定》这部作品里，孟卫东对藏族民歌素材处理得非常娴熟，对音乐体裁的选择也非常准确，比如某一段是用舞曲还是进行曲，他在这部作品里对情绪的把控十分精准。戏剧性是创作的根本，不管用什么技法创作音乐，关键要有推动力，要有个性，没必要在技法上受限于某种创作观念，比如民族歌剧就一定要在五声调式里打转，我认为这是个误区。

吴：您认为中国原创歌剧的发展有什么瓶颈？

许：最大的瓶颈是创作团队的问题，团队不一样，发挥的可能性就不一样，音乐的写法也随之会不一样。创作的时候就要考虑你的各种可能性。你给歌剧院和歌舞团写的作品是完全不一样的。每个城市文化历史、人文传统也都不一样，这是一系列的问题。

其次，作曲家在短时间内创作出好的歌剧作品是不太可能的。作曲家李焕之曾说过，音乐的品质是要有深度的抒情性。不管是柔情还是豪迈之情等，作曲家需要有一个环境慢慢地被熏陶、被影响，他需要长时间在这个环境里看戏、听唱，甚至是在戏园子里成长。当然才气也是可遇不可求的，他一上手就像神来之笔，在不经意之间，就被感动了……

吴：您现在还兼顾了音乐学院指挥系的教学，那您对20世纪以后的音乐怎么看？

许：对此我觉得有点遗憾的是：我们当年在学校里对20世纪以后的音乐作品的学习是不够的。说一件有意思的事，去年夏天，我们去某所音乐学院参加作曲系学生的期末考试，担

中央歌剧院原创歌剧《马可·波罗》剧照

任评委。当时这个作曲系的系主任是从国外留学回来的，他们考试的作品分析几乎全是20世纪以后的作品，20世纪以前的作品根本就没有，可见现在的音乐院校教育的变化还是很大的。

虽然说我对现代音乐没有像喜欢古典音乐那么多，但是我还是经常惊叹于现代音乐作曲家们思想上的火花。比如说潘德列茨基的《广岛受难者的挽歌》里有52件弦乐器，他能创造出那样的音响。我特别欣赏他们对声音的构思，非常有创造力而且不可复制。但我始终认为现代音乐的技术不是唯一的方式。如果说它要发展成为一个主导的趋势，我并不看好。当年"表现主义乐派"的主要代表人物勋伯格创造的"十二音体系"的确是走出了一条变革的路，非常有逻辑性，也有一套自圆其说的理论体系，而且操作性强，也可以复制。但是直到今天，我依然认为伟大的作品最后还是要感动观众，打动人心的音乐要靠百分之一的天才而不是仅仅靠方法和技术。所以我不太认同现代音乐技法会是唯一的一种技术语言。我甚至有一种更朴素的认识：在数万年的历史中，纵使社会发生了翻天覆地的变化，但人的味觉、对颜色的感觉、与人的交往、好的感觉、坏的感觉……这些都没有发生根本性的变化。我不确定音阶是什么时期发明的，但音阶、一个八度之内的音符正好契合了人的听觉系统，符合人的生理结构，人的耳朵在一定时间内能听到的音高范围是有限定的。在一定的范围内它是可以把握的,超出这个范围,那就像个万花筒,只能是一种不寻常的听觉体验。

不久前,我看到作曲家陈其钢的一段对话,他说 20 多年前,他的作品《逝去的时光》的首演曾经遭到非议,某权威人士批评这部作品里怎么出现了旋律?但现在这首作品却广为流传,成为经典。我当时的感悟是:时间是无休止的,时间可以改变一切。你说那是旧的,过了多少年,它可能又会是新的……

吴:可以理解为不要只是纠结于技法是现代的还是古典的,最终都要为音乐服务吗?

许:是的。从现实角度来看,好莱坞的音乐很打动我。所有的音乐风格都可以混搭,不设限,一会儿有电子音乐,一会儿有管弦乐。好莱坞电影作曲家们真是聪明,坐享其成地运用各种技法来创造音乐。也就是说,对于所有好的表达方式,其实没有必要去区分它是旧的还是新的、可用的或可不用的,它在那儿就会对别人的精神有意义、有影响,成为有价值的一个部分。音乐有它的研发、前沿的部分,也有应用的一面。作为指挥还是对音乐的知识面要尽可能地宽广,要对所有的音乐有所了解,这样才能站在看得更高的位置上。

◇ 延伸阅读

关于中国原创歌剧的发展，笔者想再介绍 20 世纪八九十年代有代表性的两位作曲家。

当年在音乐创作上从传统扎根，没有选择出国留学，却走向世界舞台的重要代表人物郭文景。他的作品绝大部分取材于四川，有着浓厚的巴蜀文化的色彩，甚至可以说，巴蜀文化是郭文景音乐的灵魂。此后郭文景的作品虽然并不局限于四川题材，但他本人的个性和巴蜀文化的影响意义深远。《纽约时报》曾把他称为"唯一一位不曾在海外长期居住而建立了国际声望的中国作曲家"。欧洲音乐评论对郭文景的评价是"完全不理会西方对中国文化的期待，依据自己的内心情感来创作的作曲家"。

郭文景也经历了对现代音乐古怪音响的追求到渐渐放弃，寻找到真实的自我并回归到中国传统文化的过程。他的创作观念有一条贯穿的主线，正如他所说的："我们一直在致力于将我们的传统文化与新时代缝合起来，目的是要拯救她的生命……但要让她再生，绝不是简单地将其从箱子里捧出来晒晒太阳、除除霉味，拍打一下尘土就行的。我们必须在她的肌体内注入新的精神和灵魂……"他的早期作品《蜀道难》(1987) 合唱交响乐《李白诗》入选"20 世纪世界华人经典"。作品的主题吸收川剧高腔，其中一部分用四川方言来演唱。全曲运用传统的五声性调式写法，但运用大量的调式外音，密集的离调转调，不协和的和声使本来自然舒展的五声性和声听起来扭曲变形，纵向和横向的线条充满了五声性旋律的张力，音乐形象变得有棱有角，这特别彰显郭文景本人的个性。正如他所说："这素材内含高亢凄厉的力量，是我的精神图腾，我借助交响乐队和合唱队排山倒海的力量，将这图腾举到离太阳最近的山巅。"

郭文景是当代音乐家中创作歌剧成功率最高的作曲家之一。《狂人日记》（1994）是中国历史上第一部由西方人委约、用中文来创作并要求外国演员用中文来演唱的中国歌剧。这首作品1994年在荷兰艺术节上首演。歌剧运用了昆曲的唱法，昆曲象征着唯美主义，是古代文人审美的追求。它的特点表现在唱的过程中，把一个字的多音节分开来演唱，用强调的方式表现中国汉字音节的头、腹、尾，形成中国音乐特殊的表达方式。例如"咬"y-a-o都要分开唱出这个音节变化的过程。《狂人日记》用了这样的唱法，增添了作品独特的艺术魅力。同一时期作品《甲骨文》（补天）（1996）也用了类似的技术。"追求中国式的现代表达"一直是郭文景创作发展的主线，他也不断在反思20世纪音乐创作的观念。郭文景很早就知道中国音乐与西方音乐有很大不同，他希望找到汉语与生俱来的特点和纯粹的中国式表达。1998年他创作四场室内歌剧《夜宴》由英国及中国香港、台湾地区三家委约，在英国、荷兰、比利时、法国等地演出。这时的郭文景认为歌剧不应是深奥的，它应是贴近生活、属于每一位观众的，这首作品回归调性，旋律优美。《夜宴》的剧本是著名诗人邹静之创作的，根据南唐宫廷画家顾闳中的名画《韩熙载夜宴图》而创作。谈起创作意图，郭文景说："这部作品里没有西方歌剧的痕迹，红珠的旋律素材是弹词、京剧；男主人公韩熙载的素材源于昆曲；'画家'的素材来自四川高腔；'歌姬'的素材源自四川清音……《夜宴》与以前的作品在风格上有变化。也确实是我的创作想法有了新的变化。最近以来，我一直对20世纪音乐创作的观念进行反思。因为中国音乐与西方音乐有很大不同……我希望找到中文本身就与生俱来的东西与特点……从中国音乐素材中去寻找……我一直想从过去跳出来，完全不要西方音乐的影响。"之后他又创作了歌剧《骆驼祥子》《李白》并在科罗拉首演，后作为意大利中华年的开幕演出。他创作的歌剧《凤仪亭》在美国、荷兰、加拿大、德国上演。

　　同一时期，另一位具有独特创作思想的作曲家瞿小松的创作也是深度挖掘中国传统文化中的艺术价值，建立了自我独特的美学价值体系。他发现了汉语中的独特魅力。1984年，他第一个在 Mong Dong 里用了吼叫，第一个把人声引入了现代音乐，凭想象创造了一些抽象的、无具体词意的衬词——之所以称为"衬词"，是因为这与民间音乐中的衬词非常像，它向观众传达的是一些中国人特有的情绪，也许是面向大峡谷的呼喊，也许是向上天的祈求，也许是痛心彻骨的悲伤……给观众带来极大的震撼和无限的想象力。之后，谭盾的《道极》、郭文景的《蜀道难》、王西麟的《殇》、陈其钢的《水调歌头》等都对这种手法有所借鉴和再运用。这种形式还扩展到歌剧创作和其他领域中。瞿小松创作 Mong Dong 时说:"崖画中粗朴无华、简单雅拙的线条深透着原始人同自然浑然无间的宁静。这种宁静很深地打动我。"[1]

1989年2月,瞿小松作为访问学者赴美国。这一期间,他的艺术观念发生更为清晰的转变。他更感到自己是中国人,他的艺术理念从崇尚自然到崇尚老庄的"大音希声",到提出"走出西方音乐的阴影"。1990年,他创作了《寂Ⅰ——空谷》,这部作品又回到了入学中央音乐学院的第一部作品《谷》的题材,不同的是标题前面加了一个"空"字,这时的瞿小松已经不是那种小布尔乔亚的自我孤独,而是一种更客观的、抽离的、更冷静的审视。他说:"听了自己的作品,觉得过去用的音太多了。"他在一篇文章中写道:"那年秋天(按:1990年),我应邀前往'黄泉'(按:美国的一个地名),香港一个综合性试验团体要我为之写音乐。我将《大地震》舞剧音乐中的一些东西拿来做试验。先是一个 Re,从 pp 开始渐强,再渐弱,然后是一个空白。放慢四倍后,这声音陌生化了。机器给了我一个时间感觉,一个宇宙——无尽的时间,无际的空间;感觉不到开始与结束,

---

[1] 陈怡:《青年作曲家创作心态录——部分青年作曲家参加"第一届中国现代作曲家音乐节"文稿转载》,《音乐研究》1986第4期。

没有限制的空间。随后那个空白，提醒了一个'永恒的记忆'。"[1]《大地震》试验——对瞿小松的创作观念的影响也是一个"地震"、一次转折，不是悟出了全新的东西，而是将他在贵州大山里的懵懂感觉，在 Mong Dong 里道出的"原始的寂静"一下子凸显出来，并上升到哲学的高度，"五音令人耳聋，五色令人目盲"。"大音希声"的理念使他顿悟，而这一切恰恰发生在美国纽约——这个世界上最繁华、最喧嚣的都市中。

瞿小松在中国戏曲中寻找灵感形成自己独特的歌剧创作观念。西方歌剧由格鲁克歌剧改革至威尔第、普契尼的古典主义歌剧——浪漫主义戏剧。它的特征是以音乐为主体，以戏剧为手段。在以瓦格纳为代表的"乐剧"中，音乐与戏剧不可分割地融合在一起，乐队交响化，乐队部分被强化到一个从未有过的高度。音乐的发展连绵不断，不再由独唱、重唱分列而成，把歌剧提高到交响乐的艺术地位，从而更加强了歌剧的戏剧元素。瞿小松的歌剧既不像古典主义歌剧那样强调以音乐为主体，也反对瓦格纳那样强调歌剧中乐队的交响性。他也主张加强歌剧中的戏剧因素，但是用创造语言的方式来加强角色的戏剧感。他从中国戏曲中获得灵感，展现韵白与传统唱腔之间自然过渡的方式。在音乐材料方面，他很有限地使用乐队，有节制地运用每一个素材，为此有人还批评瞿小松的歌剧写得"太简单"。但这也许正

---

[1] 瞿小松：《五音令人耳聋，五色令人目盲》，载中国艺术研究院音乐研究所、《中国音乐年鉴》编辑部编《中国音乐年鉴1996》，山东文艺出版社1997年版。

是瞿小松独特的审美趣味和创作思想。中国音乐文化追求一种寂静的大美,这种境界是超然、神秘和深邃的,而这种美恰恰和西方音乐动态的美是不同的。中国画强调留白,东方人喜欢这份"空寂",认为这种空寂是有力量的,能带给人无尽的遐想……

王甫建：知难而上力求改变民族管弦乐现状

被采访人：王甫建
采访人：吴林励
时间：2019年3月22日
地点：中央音乐学院附近咖啡厅

王甫建，中央音乐学院指挥系教授、硕士生导师，致力于拓展民族音乐的传承和创新发展的理念及实践。2005年至2017年，他应聘担任上海乐团团长及艺术总监，现应邀担任湖南省演艺集团艺术顾问及民族乐团艺术总监、中国民族管弦乐学会常务理事及指挥专业委员会会长。作为一名音乐人，王甫建有着自己的理想主义情怀。他坚持认为，民乐亟须创造新的活力和生机，如果中国的民乐发展起来了，那就会是独领风骚的世界一流音乐。"作为一个中国的作曲家，只有写好民乐方显英雄本色。"王甫建曾创作如双琵琶协奏曲《断桥》、柳琴与乐队《柳依》、竹笛与乐队《风舞竹》等多种类型的音乐作品，同时编创改编了许多民歌和民间乐曲，如《欢乐歌》《新编五梆子》《百鸟朝凤》等，均成为乐团脍炙人口的保留曲目。他在北京率先推出的民族音乐现代作品音乐会，也终于让大众看到了民乐创作的新生机与新希望。王甫建在上海民族乐团任职期间，曾推出大型民族音乐会《上海回响》《大音华章》《火红中国年》等；在担任湖南省民族乐团艺术总监期间，成功推出了国家艺术基金项目、大型民族音乐会《潇湘水云》。

吴林励（以下简称"吴"）：1986年，您率先在中央音乐学院指挥了一场现代民族管弦乐，当时一鸣惊人！这场音乐会标示出了那时民族管弦乐现代化的进程。之后您完成多部委约的民族管弦乐现代作品。您在这方面做了很多的努力，在业界产生了极大的影响。请您谈谈这方面的体会，以利于更多年轻学子和民乐人从中汲取"营养"，更好地弘扬发展我国的民族音乐事业。

王甫建（以下简称"王"）：我30岁那年留在中央音乐学院任教，从那时起我就开始热衷现代音乐创作，当时想法很简单，就是想去改变现状，想要打破命运的一潭死水的现状，改变民乐的发展方向。我现在60多岁了，仍然想改变，总在思索民族管弦乐应该怎样发展得更好，我认为弘扬民族文化一定需要有战略思考。这不是一件容易的事情！发展民族文化需要大量的作曲家、音乐家共同来创新和改变。但是，目前依然有一些优秀的作曲家对民族管弦乐队一无所知，这是文化建设的缺失。

吴：那您认为面对这种困境，应该如何发展？

王：当然是知难而上，即便困难重重也要想办法去改变！30多年前谭盾的一块石头砸下去，没想到砸响了，砸出涟漪来了，砸破了当时的瓶颈，走出一条"新潮音乐"的道路。趁着当年的那个势头，我又去说服、影响了一批有想法的作曲家加入为民族管弦乐队创作的行列。

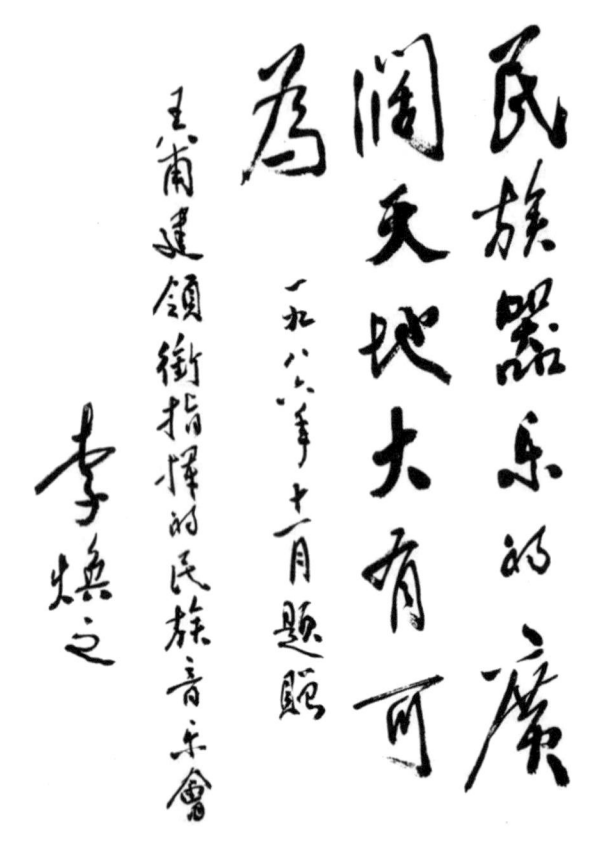

作曲家李焕之为民族管弦乐音乐会——"青年作曲家专场"题词

吴：1986 年，您在中央音乐学院指挥演出了一场载入中国当代音乐史的"民族器乐作品音乐会"，其中新作有：瞿小松的《打击乐协奏曲》(为一个打击乐演奏者与民乐队而作)、《两乐章音乐》《山神》，叶小纲的《和》，李滨扬的《吹打乐》《山神》，林德虹的《欲》，等等。您当时认为这些青年作曲家"以鲜明的创作个性和现代意识插足于民乐这个封闭性的圈子"，直接运用现代作曲技法创作民乐作品，"使民乐产生了许多不同寻常的音响效果"。这些青年作曲家的创作，在"乐器运用中很少受传统演奏法的约束。迫使各乐器更多地挖掘演奏潜力……大大开发了民族乐器的演奏技巧，更加丰富了传统乐器的表现力"。这些作品"非但没有背离传统，相反它们与许多传统形式有着密切的关系"。[1] 您当时是怎样考虑的？

王：其实我当时的想法很简单，就想要找中国最好的作曲家来创作民乐作品。当年，没用多长时间，中国民乐迅猛发展，完全不亚于其他任何音乐类型的发展。这强有力地冲击了当时中央音乐学院几乎所有的年轻人，使他们接受这些变化。当你真正去改变的时候，是会影响一代人的，也许若干年后，这一代人又成为整个民乐团发展的中坚力量，我相信他们会对未来的民乐发展起很大作用，意义深远。

当时我还做了很重要的工作，是去说服作曲家，要他们

---

[1] 王甫建：《民乐"新潮"作品之我见》，《人民音乐》1987年第8期。

按照中国化的思路去创作，不是去创造西方形态的音乐作品。我花了大量的时间和作曲家沟通，从谭盾、郭文景、刘长远、李滨扬，一直到现在年轻的这些作曲家，我不停地和作曲家沟通、再沟通，就是想不断加强他们的理解，希望他们能从深层次去思考中国传统文化与当代作曲技术语言之间的联系。

吴：您曾谈到当下有一些年轻作曲家的民乐创作"有技术无情感"，为什么会出现这样的情况？

王：关键在于艺术家的态度、艺术家的着眼点和艺术家的目标。音乐家不要跟整个社会脱节，外来的艺术家和哲学思想和中国的文化现状脱节。艺术院校的专业教育和与社会需求脱节，成了象牙塔尖。现在有一些年轻的学院派作曲家在创作中运用民间音乐素材，将其变形、不断地加工，就像是堆积木、做和声题一样，初看上去音乐很丰富，大量的和声变化、节奏变化，但实际上内容机械化，有技术却缺少了内在情感的深刻内涵，音乐审美也缺少中国传统的线性思维。其实老一辈的作曲家，像郭文景、瞿小松等还真不是这样。比如郭文景的《愁空山》，作品注入了大量的情感信息，音乐上用很大的张力来表达那种悲天悯人的大情怀。刘长远创作的《抒情变奏曲》大量使用了声部齐奏，还有小对位和大对位的技法来形成各种乐器之间的音色变化。还有，谭盾的《西北组曲》《火祭》，瞿小松的《神曲》也都很精彩。

我认为做事首先自己要确立目标，其次要有信心，不要受到周围的环境影响，艺术有它自己的发展规律。在上海，人家说我是唐·吉诃德，我想我做唐·吉诃德总比默默无闻好。我对乐团的年轻人强调弘扬民族文化，反复强调这一点，我坚持自己的道。中国爱乐乐团请我演新年音乐会，我整场演的都是中国作品。现在提倡弘扬民族文化，所以要有一个全民计划，要有新的高度和创造性。上海在20世纪二三十年代，评弹、戏曲发展得十分迅猛，外来文化和民族文化同步突飞猛进，这说明民族文化是不可能被压制的，外来文化更不可能把中国文化覆盖。

吴：您曾经担任上海民族乐团的团长和艺术总监，对于国内外的演出，您会选择哪些曲目？

王：我在上海民族乐团任团长，上演的第一场音乐会就是《土地、人与生命之歌》。我演了一批经典的民族管弦乐曲目：《西北组曲》，郭文景的《阿佤山》《愁空山》，唐建平的《后土》《飞歌》，何训田的《达勃河随想曲》，秦文琛的《唤凤》，等等。我带着上海民族乐团去欧洲匈牙利、奥地利、瑞士、荷兰、德国五国巡演，选择的大部分曲目还是这些经典的当代民族管弦乐作品，也有《春江花月夜》这样抒情写意的文

2019年11月，大型民族管弦乐《沂蒙史诗》在临沂大剧院成功首演

2018年，"国乐华章"上海民族乐团新年音乐会现场

曲。我认为演出一定要把这些音乐的魅力、感染力和震撼力表现出来。国外的观众很喜欢这些作品，几乎场场爆满。演完后剧院经理、常任指挥和当地学指挥的学生们在后台排队等待，热情地握手问候。我记得在德国科特布斯国家歌剧院演出完，我们饥肠辘辘去酒吧吃消夜，一进门就被认了出来，他们全体起立。居然有人自告奋勇地把我们带到早已关门的中国餐馆，请他们帮忙做中餐，有很多开心的回忆……

吴：您如何在排练中启发演奏员，点燃他们在表演中的激情，发挥他们的表现力？

王：我想一个乐团里所有的艺术家绝不是机器人，你要激发出他们对作品的热爱，靠什么？首先，指挥自身的热情是建立在对文化、对作品、对音乐的深度理解上，这样乐团成员才会被感染。呼吸、起拍、表情形体语言，所有的指挥技术都是建立在这个基础上，而不是表现自己。其次，指挥的感染力要有深度，这样才能触动人的内心。情感很重要，但这不仅仅是指情绪而言，更是指代精神层面的沟通、心与心的相通，指挥和乐团成员才能充满热情地传递和互动，指挥本身就是在进行二度创作，不仅要从作品思考，也要从文化上思考。指挥对音乐的理解要深入到精神境界，直击心灵，再用指挥技术语言使之完美地演绎，甚至达到极致。你要用这份理解去感染演奏员，使他们不知不觉地被感染、被激发。例如谭盾创作的民族管弦乐《西北组曲》，大多数人只是把它理解成一部风格性的作品，我觉得不尽然，我把其中四个乐章解释成一个生命的链条，要感受到作品背后的民族情感，那联结着中国劳动人民对土地的依赖之情，因这份依恋才有生命之延续。我从这个高度去分析和解释作品，不是简单地描述乐曲中或快乐或热闹的某些情绪。再如第一乐章《老天爷下甘雨》，因为只有下雨生命才能繁衍，那是来自灵魂深处的渴求。我给学生逐句地分析，讲解作曲家在每一处声音细节的巧妙用心，他们全都能理解。首演当天夜晚三点，谭盾从美国打电话说："对不起，我不知道你们现在几点钟，我刚听完《西北组曲》的首演，非常激动！音乐表现得比想象的还要好！这到底是怎么排练的？"我就给他讲我对音乐的理解，民间音乐的素材里饱含那情感的力量，还有那股深沉的、生命的力量，我很清晰地表达其中的层次和对比。我们学生喊起那劳动号子都是气沉丹田、低沉雄厚、铿锵有力的"嘿咗嘿咗"……谭盾当时听了也很感动。

吴：作曲家、指挥家和演奏家的理解完全契合了。

王：我认为全世界的指挥大师们都有一些共同点：首先，他们由于本人的艺术造诣形成了一种高贵的气质，这种高贵是可以感染的；其次，他们对演绎作品的文化高度、文化深度和精神高度的把握性很强；最后，他们对技术的标准严格，包括演奏方法的统一，严谨的发声方式，这些渗透到每一种句法、每一处音乐细节的处理，指挥大师演奏交响乐作品，会细腻、精准地表达。你甚至可以从他的指挥语言里清晰地感受到音乐的叙事结构变化、调性的变化、配器音色的变化等，他指挥乐队的过程中也感染了舞台下的观众。

吴：您认为当下民族管弦乐发展的瓶颈是什么？

王：我还是用民族乐团来举例。世界上所有乐团的共性标准大体是：音色的相对融合，声部的平衡，乐队表现音乐的张力等，这就像一个数学定律。但中国的音乐有独特的传统音律，比如广东音乐的律制就不是十二平均律，它是多声的语言。 但是今天全世界的年轻人都是在电子时代、十二平均律的音乐听觉里长大的，你让他们去听中国传统的、地方韵味的曲调，他们会认为音太不准。就像我们听老唱片里的京剧唱段，也有此感。但如果按照传统音乐中的京胡审美，也许就要拿捏这个味儿。我想我们需要保存中国人自己的歌唱方式，这一点很重要。

◇ 延伸阅读

1985年4月22日,谭盾举办"中国民乐作品专场音乐会",标志着被舆论界称为"新潮音乐"的中国现代音乐诞生,可谓"一石激起千层浪"。之后,与谭盾同班入学的叶小纲、瞿小松、陈怡、郭文景等相继推出了各具特色的个人作品音乐会。

谭盾是一位不断求突破、求创新的当代作曲家,可令人惊奇的是"传统文化"是他不断创新中贯穿的一条主线和核心。他始终关注和感悟生死、生命、自然、人文的主题,也一直在摸索对传统的传承和创造自我的、对传统基因的现代重组体系,逐步形成了成熟的创作方式:根植于中国文化土壤,立足于从世界看中国文化,不断求变地探索自我表达方式。

首先,他打破了传统与现代的界限,用常规乐器演奏非常规音色,如《拉弦组曲》《道极》(1985),也包括《九歌》(去美国后上演)。其次,他立足于纯声音的观念,打破了音乐与非音乐的界限,如纸乐、水乐、石头等。之后,他又尝试了中国文化和其他民族的文化融合和对话,如京剧与西方歌剧的结合。歌剧《马可·波罗》中有庄子和但丁关于梦的对话、李白与马勒关于酒的对话。《门》(乐队剧场之四)将中国京剧、西洋歌剧、日本"人形净琉璃"(日本的一种木偶戏)三个不同民族的艺术结合在一起。用京剧来塑造霸王、虞姬,用西洋歌剧塑造朱丽叶,用"人形净琉璃"来塑造小春。

20世纪90年代,他不断解构传统的思维模式,使结构形式不设限,空间声场不设限,打破了演员与舞台之间的界限,解构舞台。打破演员与群众之间的界限,让观众参与到演员之中即兴互动等创新性的观念,如《鬼戏》《乐队剧场Ⅱ,Re》《圆》(为四组三重奏和人声而作,分别在剧场的不同位置)。谭盾当下大部分作品的创作手法、创作观念(包括多媒体的运用)都在他90年代中期的音乐剧作品《鬼戏》中有呈现。这部作品借鉴了中国传统戏曲中虚与实的美学原则,让不同文化、不同时空交错对话,表现灵魂与世间、过去与未来、现实与梦想的对话。生与死的主题一直是他关注的。这首作品用巴赫的《前奏曲与赋格Ⅰ No.4》《升c小调前奏曲》来形容时间的流逝、一些宿命的元素;用和尚"Ya O Ya"的音节来牵引鬼魂的通灵;河北民歌《小白菜》象征着游离的鬼魂;用莎士比亚《暴风雨》中的诗句"我们如此充盈,如沉浸在梦境,我们短暂的人生,随睡去而轮回……与生俱来的,终将化解。如这虚华的狂欢隐去,不留些许痕迹……"来象征对生命的感悟。

他的创作思路越来越开放自由,其中很重要的一点是顺应时代的发展。创作素材不设限,任何媒介都可以成为艺术媒介加以创造。科技和视觉艺术一直备受他的青睐,在他看来,科技也是艺术,它和视觉艺术一样都可以作为艺术媒介运用在音乐作品中并成为一个整体。

谭盾最近的一批作品《水乐》《纸乐》《地图》《女书》都有巧妙新奇的拼贴构想，都带有多媒体性质，深受大众特别是年轻人的喜欢。他认为："……在未来社会，我们艺术的发展不会排斥其他媒体的干扰，而是融合其他媒体的东西。如果一个人在视觉艺术上非常迟钝的话，他在未来绝对不会成为作曲家。"[1]

谭盾在这个似乎手段都已用尽的时代逐步形成了自己独特而成熟的艺术表达方式：根植于中国文化传统，用符合时代精神、创新的手法创作，并向世界展示。他在他的一篇《用中国文化的香水引领世界》的文章中，反复地提到"融合"和"引领"的观点："在纽约读书的时候，其实更早是在北京读书的时候，我总是想融到西方现代音乐里面去，我发觉融进去比引领潮流更难。……我们学习西方的目的一定不是融合，不是同流，而一定是引领潮流。"[2] 事实上，谭盾后来的创作选择了一条更容易的道路——引领。这是谭盾的自述："我的价值来源于一种非常非常深厚的文化，我的创作也许不能离开这个东西，我要是跟纽约的这帮前卫分子一样地去砸烂一切，我觉得我就失去了我应该有的优势。因为我来源于一个非常古老的文化，我的职责并不只是创造，我的另外的职责是要把养育我的这片土地的文化传遍世界，使其得以弘扬光大。这个弘扬光大和传遍世界的过程，其实就

---

[1] 《音乐爱好者》编辑部：《纽约吹来世纪风——谭盾谈音乐》，《音乐爱好者》1998年第5期。

[2] 谭盾：《用中国文化的香水引领世界》，《浦东开发》2009年第5期。

是一个非常前卫的理念,因为你必须要用非常非常新颖的一些想法,才能实现你自己的理想。正因为这样,我想总有一天我会让你们真正地心服口服地去认同我们的创新,认同我们的古老和传统。"[1]

---

[1] 选自莲心木子的博客文章《谭盾——湖南鬼才》。

谭利华：
留下有历史痕迹的优秀中国原创作品

被采访人：谭利华
采访人：吴林励
时间：2019年3月27日
地点：北京交响乐团附近咖啡厅

谭利华是活跃在当今国内外乐坛著名的指挥家之一。他曾应邀指挥俄罗斯国家交响乐团、伦敦爱乐乐团、以色列爱乐乐团、西德广播交响乐团、柏林交响乐团、法国图卢兹国家交响乐团、比利时国家交响乐团、捷克国家交响乐团、奥地利布鲁克纳交响乐团等数十个国际优秀乐团，被西方媒体誉为"指挥风格优雅流畅，具有高超的技巧和感人的艺术魅力的指挥家。"

谭利华于1991年至1995年任原中央乐团交响乐队指挥，现任中国交响乐团首席客座指挥、中国歌剧舞剧院音乐艺术顾问。谭利华是第十、十一、十二届全国政协委员，中国音乐家协会第六、七、八届副主席，第三、四、五届北京音乐家协会主席，国家大剧院艺术委员会副主任、中国交响乐发展基金会副理事长。从1992年起担任北京交响乐团团长、艺术总监、首席指挥达26年。2001年至2013年，谭利华七度率北京交响乐团在欧洲巡演，均获得了巨大成功并引起轰动。2012年，德沃夏克学会、德沃夏克音乐节和德沃夏克家族联合授予谭利华"杰出艺术家"奖，以表彰他在中国首演多部德氏音乐作品的贡献。2013年10月，北京交响乐团成功完成首次赴美洲巡演，所到之处获得热烈反响，美国发行量最大的《华盛顿邮报》通栏标题称"北京交响乐团掀起古典音乐热潮"。

谭利华多次指挥中国交响乐团、北京交响乐团参加

"APEC""一带一路""金砖国家领导人会议""中非论坛"等大型国事活动音乐会的演出。自1997年开始,他参与创办、策划北京新年音乐会,目前这一音乐会已经成为北京人欢度新年不可缺少的文化盛事。谭利华是唯一一位担任了全部新年音乐会的音乐顾问和指挥的音乐家。多年以来,他大力倡导和推动中国当代交响乐作品的创作与演出,指挥首演了数十位中国作曲家的百余部新作品。自2007年开始,谭利华与百代唱片公司合作,在全球发行了由他指挥北京交响乐团录制的八张唱片,成为首个与百代唱片合作录制唱片的中国指挥家和乐团。

吴林励(以下简称"吴"):谭指挥,您好!这20年来,您在北京交响乐团坚持向国内外推广中国音乐作品。你们多次去欧洲巡演,去北美洲巡演,还参加过德沃夏克音乐节、布鲁克纳音乐节等一系列主流国际音乐节。您在国外的每场演出也是坚持一半演中国作品,一半演西方经典作品。这个理念能坚持下来实属不易,这在国外的反响怎样?

谭利华(以下简称"谭"):是的。我在北京交响乐团任团长、总监近30年,一直视传播中国文化为己任,也在用各种方式在东西方传播我们的当代作品。从2001年到现在,我们七次出访欧洲,从德国、法国、意大利、奥地利到塞尔维亚、克罗地亚、斯洛文尼亚、土耳其等。我总在思考，中国有几千年的历史，当下该如何让自己的文化融入世界文化中？几百年过去了，人们还在谈论巴赫、莫扎特、柴可夫斯基、肖斯塔科维奇……中国为这个时代留下什么经典作品？不仅仅是留下一首歌，更应是创作出与时代结合的、留下历史痕迹的优秀中国原创作品，因此我不遗余力地推动中国原创作品。在国外巡演我一直主张，上半场演中国最优秀的作品，展示当代中国交响乐文化的实力和魅力；下半场演西方经典音乐中有影响力的交响乐之作，让观众既了解我们乐团的水准，同时也以新的视角来欣赏我们对西方作品的诠释。最初他们对我们的演出还不太接受，甚至主办方都担心如果他们的观众不理解，会影响演出的质量。但是从2006年我们第三次巡演起，西方观众对我们的认可开始发生变化。中国交响乐团的实力让他们为之惊讶！我们不仅能精准演绎出西方的经典音乐，还能用中国的音调和元素，借鉴西方的技法，创作出中国人的交响乐。而且，我们的作品无论是技术含量、可听性，还是人文内涵都到位了。

吴：您认为交响乐团要良好发展关键需要什么？

谭：一个好的乐团的成长是需要磨合的，配合默契需要时间，所以特别需要有一位有责任心的、专业的音乐总监，需要他十年、二十年不担任任何兼职，一直用心地炖着这道

"走出去"北交七度欧洲巡演,谭利华特别荣誉

"菜"。现在中国交响乐的发展已经到了变革的时代,需要有领军人物,需要有锐气的领军人物。同时,也需要有一批人静下心来做这件事,坚持做五十年,甚至一百年,一直传承下去。

吴:这些年,您在北京交响乐团委约了大量中国原创交响乐作品,积累了一批经典之作。在创作初期,您与作曲家讨论创作主题吗?

谭:这些年我的确重视积累作品,我认为在这个时代应该留下经典的交响乐作品。音乐史,重要的是作曲家和作品的历史。像莫扎特、海顿、贝多芬、勃拉姆斯、柴可夫斯基……他们被载入史册，当然这些都离不开乐团的演奏。对于当代中国原创交响乐作品来说，我们也在做同样的事。近20年，我每年都会委约海内外的中国作曲家创作原创作品。有一点很重要：指挥家要考虑作品的可听性和多样性。听众的喜好是多元的，曲目不能太限定，否则作曲家的创作力就会受限。从事创作切忌有浮躁的心态，如果让作曲家在短时间内接太多的委约创作，这不是件好事儿。因为一个人的才华是有限的，如果他的能量被稀释了，最后创作的质量也就好不了。我曾经委约作曲家周龙写交响乐《北京》，我给了他一年的时间写长城，让他用音乐表现长城每个季节不同的美，春天的山花烂漫、春意盎然，夏日的满目苍翠、生机勃勃，秋天火红的枫树、夕阳西下、飒飒秋风、芦花飞扬，冬天"燕山雪花大如席"的气势……我对他说我并不要求他急于去创作，等他什么时候找到感觉了再去写，但一定要寓意深远。还有像郭文景的打击乐协奏曲《山之祭》、交响序曲《莲花》，张千一的交响曲《茶》等，在创作主题方面，我们会彼此激发、相互碰撞，但具体的创作过程则全权交于作曲家。

吴：现在国内各种类型的原创音乐百花齐放，但好的作品还是可遇而不可求的。这是为什么呢？

谭利华指挥现场

谭：艺术的高峰是由历史来衡量的，人类的共同追求是对爱、人道主义的追求，艺术家不能脱离对人性的追求，否则作品就脱离了血和肉。多少年过去了，还有人去听的、去学习的那些作品，才是经典。推动当代中国交响乐作品的发展，这是要持续去做的一件事情，因为作品的历史将记入音乐史的史册。当代优秀的作品要传承下去，得想办法为此创造一切能做的条件。

吴：您认为一部好的中国当代交响乐作品应具备哪些要素？
谭：西方音乐史从巴洛克时期巴赫、亨德尔，到古典主义时期的海顿、莫扎特、贝多芬，再延续到浪漫派，后来又分支出各类民族乐派，有法国的、东欧的、北欧的、俄罗斯的、美国的等，各有千秋、各具特色。我想，中国的音乐家们也要留下经典的作品来为全人类作贡献。首先，我认为作品的技术含量相当重要。其次，要有创新，和声、节奏、音型等要有新意，既有时代的烙印又蕴含中国文化内涵。这点很重要！如马思聪在20世纪60年代创作的管弦乐作品《山林之歌》，我经常在大剧院演这部作品。作曲家王西麟、张千一都曾说："平心而论，现在国内还没有人超过他写的这部作品……"马思聪是个天才，充满了创作的灵感，他那时想到的和声、旋律以及对乐队的写法都非常新颖和精致，当然他也受到当时法国现代派音乐的影响。《山林之歌》选用的是富有特点的少数民族的音调，配器色彩尤为丰富，他的创作无疑当属当年的优秀作品行列。另外，王西麟的《火把节》也好，张千一的《云南随想》也好，旋律本身能带给你内在的旋律变化、和声的张力，这部作品取材于广西的侗族大歌。侗族大歌很神奇，它那多声部的感觉，听起来让人充满遐想……它流传了那么多年，已经扎下根，活在人民的心里、生命里……当年贺绿汀先生才华横溢，他是土生土长的上海人，贺绿汀的《牧童短笛》衬腔式支声复调的写法，太精彩。还有管弦乐曲《晚会》《森吉德玛》都好极了。什么叫好的乐队作品？我认为就整体而言，你觉得它在此处多一句也不好，少一句也不妙。节奏、音型、和声的张力、复调的穿插等这些都很缜密，这很难，乐队作品讲究立体感，即便是小品也要讲究它的交响性，其实更多的是体现在作品的技术含量上。

20世纪40年代出了这么多高质量的交响乐作品，这是值得后人好好研究的。我认为挖掘和推广这些作品尤为重要。中国的交响乐文化要走向世界的舞台，就需要有大量的作品。因此我很注重和作曲家的合作，并给他们充分的创作空间。我曾经委约作曲家周龙写《京华风韵》，在创作的初期，我不给他设定任何框条，只限定地域是在北京，他可是个地道的北京人。周龙在美国生活和工作了多年，对北京的思念之情尤为纯净、深远。他第一乐章写的是钟鼓楼，鼓楼风，音乐非常有张力。多少年过去了，或许当年的钟、鼓都已蒙上了尘土，但你依然能去想象当年在这儿发生过的那些故事、刀光剑影、惊心动魄……他还写了北京的庙会，大多是一些杂耍的情景，这在第三乐章的诙谐曲里表现得淋漓尽致。京津冀这一带的民间艺术很有文化底蕴，例如京韵大鼓、说唱等。

吴：请您谈谈《京华风韵》这部作品技术语言的独特之处？

谭：周龙当年下乡到张家口京剧团，他非常善于捕捉现场演出中的声音效果。当时乐团里的乐手可能弦都定不太准，但他们追求音乐的精气神。所以这部作品，作曲家并不是对配器讲究精致和完美，而是追求"精气神"，东方神韵的意境。第四乐章《急急风》的写法更是别出心裁，用现代多调性的写法，音响效果很有现场的动态感，仿佛身临其境。周龙是在北京长大的，《京华风韵》这部作品用音乐勾勒了周龙对故乡的记忆……

这部作品还有深层次的文化印记。在法国图卢兹排练音乐会"中国之夜"，《京华风韵》这部作品渲染的"精气神"也让乐团队员们一时费解，我引导他们去理解中国人的精气神："天空掠过鸽哨，钟鼓楼矗立在往事的风雨中，京韵大鼓的曲调在北京一带脍炙人口，戏曲锣鼓牵动着中国人的精气神……"

吴：最近您与图卢兹国家管弦乐团的演出"中国之夜"在法国大获成功，您都带了哪些中国作品"走出去"？

谭：这次指挥法国图卢兹国家管弦乐团上演的"中国之夜"音乐会，由全球最大的古典音乐在线直播平台 Medici.tv 进行了全程同步直播。我选了郭文景的《莲花》、张千一的《云南随想》、陈其钢的《二黄》、周龙的《京华风韵》。音乐真的不需要用太多的文字表达，人们的情感在音乐里完全是相通的、共同的。只要我们的作品是具备国际水准的,西方观众不但尊重和认可,而且由衷地喜爱。他们甚至还要求加排练,担心他们演奏不出纯正的"中国味道"。例如那场排练中,大家不理解郭文景创作的《莲花》中的小提琴为什么要一个接一个地奏起,我对他们解释:"那是在模仿莲花瓣上滴滴水珠滚落的样子。"音乐是超越国界的,人们在音乐中的喜怒哀乐是共通的。像郭文景、陈其钢、周龙、鲍元恺等作曲家的作品,演出效果都很精彩。乐团成员们非常喜欢这些作品,中国文化也越来越被国外艺术家认同和尊重。

有一点很重要:他们乐团的职业精神值得我们的乐团学习。现在中国乐团的演奏员在认识上有个误区:对自己创作的当代作品不够尽心,对西方的经典作品却很认真。要知道,优秀的当代作品一定需要悉心打磨、精益求精、反复演练,才可能成为精品留下来。推广中国自己的交响乐作品需要大家共同努力。中国作品只有常演、长演,才能保持生命力,才能得以流传,成为中华民族宝贵的文化精神财富,并传承下去,成为永恒的经典。

还有一点也很重要:用国外本地最有实力的乐团来演中国作品,其影响力是巨大的。

2019年10月，谭利华与图卢兹管弦乐团合作的"中国之夜"音乐会专场

谭利华在图卢兹随处可见的音乐会海报边合影

谭利华与图卢兹国家管弦乐团合作的演奏大获成功

吴：30年来，您也一直在社会上普及交响乐教育，请谈谈您的想法。

谭：是的，我每年会带着乐团去学校、社区和工地演出，与观众从认识乐器讲起。交响乐并不全是阳春白雪，它和所有的艺术形式一样，既有宏大晦涩的篇章，也有简明易懂的段落。它能直击人心，能给人带来美的享受和正能量。每年一度我指挥北京交响乐团在中山公园音乐堂举办"打开艺术之门"的普及音乐教育的系列演出，已经持续了20多年。我每年有几十场演出是面对学生的，甚至包括小学生，我一直相信音乐对孩子的心灵具有启迪作用。

我曾经去过委内瑞拉的贫民窟，具有传奇色彩、年轻的委内瑞拉指挥家杜达梅尔就是从那儿走出来的，他的音乐和他的成长环境有很大的联系。在他少年时期，委内瑞拉曾推广一个用音乐改变贫穷孩子和问题少年命运的大型音乐培训项目——音乐救助体系。在这个体系中，每个孩子都将免费得到一件乐器，并在乐队中学习和其他孩子一起演奏音乐。杜达梅尔从小就在这个项目下学习乐器、练习音乐的基本功。

基金会赞助了孩子们学习音乐，音乐让他们远离毒品和犯罪。至今这种形式已经持续了43年了，那里的孩子从4岁到12岁，不同年龄段都有，乐团成员有400人。他们在最穷的地方，甚至去劳教所把孩子们放出来学习古典音乐。古典音乐真的很神奇，它对心灵的洗礼是无法抗拒的，当你不由自主地被它吸引并融入其中时，你就会发自内心地去追求和热爱它。我一直想建立这样的教育体系。后来伦敦爱乐协会推荐我去指挥"伦敦和谐理念贫困儿童救助计划"乐队学校。这也是一个类似于委内瑞拉"音乐救助体系"的项目，通过基金会的支持，给孩子们买乐器、找老师，支助穷困区的音乐教育。除了排练和音乐会，我还和他们谈到音乐对人教化的观念、对人思想的影响，等等。音乐对人的心智会开启一扇窗，人对真善美的盼望是永恒的。例如在演出中去观察一位指挥的表演，只用几小节，你就知道他是在表现自己还是在表现音乐，内心的真诚和纯朴，在舞台上展现得清清楚楚。作品亦然，是打动人心灵的作品还是哗众取宠的，一目了然。人一辈子一定要踏踏实实，这是不会被磨灭的品质。

吴：您用了近30年的时间打造和发展北京交响乐团，择一事，终一生，请您谈谈训练乐团的感悟。

谭：在上海音乐学院读书的时候，教育家黄晓同先生在训练乐团方面强调用眼睛听、用耳朵看，把音乐练到位，乐团练得好坏，让作品来说话。乐团练出来，就慢慢地形成了乐团的规矩，再一代一代地传下去，形成了传统。从20世纪90年代初，北京交响乐团还是个音乐学院的毕业生分配都不愿意

谭利华在"伦敦和谐理念贫困儿童救助计划"乐队学校与孩子们在一起

去的散摊子，30年过去了，它已成为中国一流的乐团，第一个与百代唱片公司签约的中国乐团。出国文化交流的巡演得到世界主流音乐媒体的认可。北京交响乐团这些年走过的每一步都是稳中求实的。苏联曾有两个交响乐团，一个是苏联国家交响乐团，另一个是列宁格勒爱乐乐团，这两个指挥总监都带了乐团30多年。从事交响乐工作要有奉献精神，它讲究严谨、平衡以及对音乐理解的深度。这是需要长时间地去深入探索并需要乐团队员配合的。

谭利华带着"大部头"首次国内巡演完美收官

吴：您去国外的乐团排练西方的作品有哪些心得呢？

谭：我曾排演俄罗斯国家交响乐团，排的是高赫配器、柴可夫斯基创作的《四季》组曲，还有《第四交响曲》《第六交响曲》。本来他们要求只排练一天，理由是这些乐曲他们太熟了，喝醉了都能演好，可我还是强烈要求排练了三天。这三天，我强调织体、和声、音乐表现等。我用东方人的思维理解俄罗斯的音乐，对他们提出音乐上的要求，可能他们从来都没有体会这样的思考角度，但也觉得合情合理，既新鲜又合理，最后演出效果很好，乐团成员也非常开心。

吴：黄晓同先生和李德伦先生都是指挥大师，在音乐界都有着极高的声望，他们也都曾是您的老师，最后请您谈谈他们在指挥法等方面对您的影响。

谭：黄晓同先生和李德伦先生都是我的恩师。黄晓同先生是点石成金的教育家，他的指挥法技术十分强调音乐本真的一面，第一是准确，第二是简洁，第三是讲究。指挥法精髓是在预示拍里，包括力度、速度、表情和张力等。这就像拉小提琴的弓段，包括长音、上半弓、下半弓、跳弓等，要通过最基本的练习再结合音乐去理解。黄先生强调指挥动作要简洁，音乐以外的手势一点也不需要。李德伦先生的思想也是强调指挥不要有游离于音乐之外的手势，更不要有太多的自我表现。指挥的内心品位和文化内涵至关重要。关于指挥音乐的感染力、美的表现力、指挥的驾驭能力，我个人认为这是天生的。有些指挥从指挥台一走出来，身上就自带一种光环。不过从长远来看，艺术家最重要的还是人品和人格魅力、音乐文化的深度和广度。

谭利华（右）与黄晓同（左）

谭利华（右）与李德伦（左）

◇ 延伸阅读

几十年来，中国当代作曲家一直致力于构建当代音乐在中国文化结构中的现代表达语言体系，探索如何有机地结合东西方文化、民族化与现代化的多种可能性，以及在世界文化舞台上彰显中国文化特色。

早在20世纪上半叶，现代音乐在中国就得到了一定的传播。有关现代音乐的教学，早在20世纪40年代，德国的沃尔夫冈·弗兰克尔（Wolfgang Franker，1897—1983，新维也纳乐派）教授就来到上海音专，讲贝尔格《沃采克》及他的十二音写作技法。丁善德、李德伦、张昊、邓尔敬、桑桐、瞿希贤、董光光、周广仁、汤正方、薛岩、张宁和、黎英海等都曾是他的门生。[1]

谭小麟（1911—1948）是亨德米特的学生，1946—1948年任上海音专作曲系主任、教授，系统地介绍了亨德米特的体系和现代作曲技法。这个时期的代表作有桑桐的《夜景》（小提琴独奏）、《在那遥远的地方》（钢琴独奏）等。代表作曲家还有马思聪、贺绿汀、冼星海、郑志声等。但这仅仅是在学院派的领域中发展，在当时的条件

---

[1] 秦西炫：《回忆沃尔夫冈·弗兰克尔》，《音乐艺术》2001年第1期。

下，现代音乐被认为对社会生活没有太大影响。

1979年3月在成都的"全国器乐创作座谈会"上，参会者对现代音乐展开了广泛的讨论。对于西方现代音乐，不能不加区别地全部否定，要具体分析。改革开放之后，中国进入了新的历史发展时期，中国音乐创作也得到新的发展，一些有胆识的作曲家开始试图打破过去僵化的局面。老一辈的作曲家首先突破了思想束缚，开始运用现代音乐创作，为"新潮音乐"做了准备和引导。1979年，罗忠镕创作了歌曲《涉江采芙蓉》，这是中国第一首五声性的、运用十二音序列创作的音乐作品，之后又创作了《管乐五重奏》（1983）。这部五重奏基本上是用亨德米特的方法，即"二部写作技法"，其中"二部骨架"（two-voice framework）、"和声起伏"（harmonic fluctuation）及"调中心"（tonal centre）这三个"二部写作法"的重要因素均清晰可见。之后，应用十二音序列创作的作品逐渐多见。[1]

朱践耳创作的《黔岭素描》《纳西一奇》较集中地应用了多调性、特殊调式和弦、线性结构和声等手法。这一时期，朱践耳的探索还体现在和声语言和调性思维上。紧接其后，他又创作了"序列音乐"的第一、二、四交响曲，又到后现代主义的"拼贴"《第六交响乐》等。他在现代技法风格上不断突破和更新，同时也追求传统的民族精神与现代技术融合的内涵，他是一位十分珍视民间音乐生活的作曲家，他

---

[1] 参见陈铭志《罗忠镕的〈管乐五重奏〉》，《中国音乐学》1991年第3期。

通过深入了解民间音乐生活，终于发现了民间音乐语言与现代音乐技法之间的"相通"。朱践耳曾说："在民间音乐生活中，多调性是普遍存在的，而且，特殊调式，特殊音律，微分音，非常规节拍，频繁转调，微型复调，乃至无调性音乐等等也都屡见不鲜。这些都是西方现代作曲技法中经常能见到的。"[1] 例如《黔岭素描》的第一乐章《赛芦笙》，木管、弦乐和铜管三组乐器组共6个声部构成了更为复杂的调性重叠，不仅存在小三度的调性重叠，还存在更多音程关系的重叠。这种复杂的调性重叠直接来源于民间"赛芦笙"，从而生动地体现了那种"每个队的调性都不同"，形成了"尖锐的平行大音块"（非三度叠置和弦特征）。这既符合现代音乐中着眼于和声音程的紧张度，又与中国民间多声音乐的"色彩性和声原则"——依照不同声部的重叠来结构和声形态——相一致。[2]

王西麟，一位具有反叛精神的作曲家，创作了交响组曲《太行山印象》(1982)、管乐五重奏《版画集》(1983)等作品。他将十二音技术运用在交响组曲《太行山印象》第四乐章《残碑》的低音线条里面。在这个乐章的中部，独奏大管奏出了"有上党梆子的散板哭腔而创作的长大的高亢的吟咏性的哀伤乐句"，"爆发出悲愤的控诉"。大管运用了戏曲音乐散板式的哭腔旋律，忧伤而干涩，塑造出一个被扭曲的艺术形象。加上横向与纵向的"十二音的序列乐句"与之配合，

---

[1] 朱践耳：《生活启示录——主题与变奏曲》，《中国音乐学》1991年第4期。

[2] 参见樊祖荫《我国民间多声与西方近现代音乐》，《中国音乐学》1987年第2期。

从而使悲剧与抗争的艺术得到了充分的体现,具有强烈的悲剧性和反叛精神。在这个乐章结尾部分,那种警钟似的愤慨,也正是用"持续低音和管乐器的强烈的十二音序列的和声造成"。[1] 这表明,王西麟已经把现代音乐的技巧融入自身的创作语言里,以强烈的悲剧性和批判精神来表达他要诉说的内容。

老一辈的作曲家罗忠镕、王西麟、朱践耳等,为什么他们用西方现代的作曲理念和技法能与中国的传统音乐相融合,而西方现代音乐却与古典音乐格格不入?西方音乐文化是工业文明的产物,讲究科学性、规整、严谨和规范,而中国长期以来是农业文明。产生于后工业时期的现代音乐,暗合了中国文化传统中一些固有的文化特质,比如中国文化的抽象性、注重写意、追求韵味等。例如在我国,书法自古以来被认为极具"意象"特质,唐代著名书法理论家张怀瓘的书学思想中心就是对书法"意象"理论的阐发,他曾一针见血地指出书法艺术形态的本质:"书者法象也"(《六体书论》),即书法是效法自然万象的艺术。这就从理论上精要地道破了书法与自然的本质关系。[2] 如汪立三创作的钢琴序曲与赋格套曲《他山集》,包括五首有标题的"序曲与赋格",其中的"书法与琴韵"运用了西方音乐的体裁形式和

---

[1] 王西麟:《从〈云南音诗〉到〈第三交响曲〉——我的美学历程: 真善美和假恶丑》,载韩锺恩、萧梅主编《上海音乐学院学术文萃(1927~2007) 音乐学理论研究卷》,上海音乐学院出版社 2007 年版。

[2] 参见王世征《书法"意象"特质的揭示——张怀瓘书论研究》,北京市文联研究部,2003 年。

现代作曲技法，并融入中国的五声调式，汲取中国传统书法与琴韵的精髓，创作出这部新颖又独特的复调钢琴作品。再如，中国民间音乐中许多传统乐器中调式的不确定性、律制的多样性、多调性等，构成了它独特的审美与文化特质。

20世纪80年代，除了以上几位作曲家外，一大批其他作曲家也创作了为数众多的具有现代风格，且在寻找西方现代音乐与中国传统音乐之间契合点的作品。如果没有当年老一辈音乐家的努力，就没有今天当代音乐的发展。从刘天华的十大名曲，贺绿汀的《牧童短笛》，黄自的《长恨歌》，聂耳的《义勇军进行曲》到后来的《黄河大合唱》《梁祝》小提琴协奏曲，无一不表现出中国作曲家在学习西方音乐技术的同时，注重挖掘中国传统文化元素，表达内心深处的寻根意识。

汤沐海：在音乐实践中随时汲取营养

被采访人：汤沐海
采访人：吴林励
时间：2019年4月12日、2020年11月7日
地点：北京交响乐团附近咖啡厅

汤沐海，国际华人指挥大师，多项世界知名大奖得主，21世纪以来唯一获美国格莱美奖（2004年）、德国古典回声奖（2006年）、意大利奥斯卡国际金歌剧奖（2017年）的华人指挥家。1983年，应卡拉扬之邀多次指挥柏林爱乐乐团，从此开启其国际指挥生涯。他曾受邀指挥众多世界著名乐团，如德国德累斯顿国立交响乐团和莱比锡格万特豪斯管弦乐团、英国伦敦交响乐团、俄罗斯圣彼得堡爱乐乐团、英国华盛顿国家交响乐团、法国国家交响乐团等。他与许多世界上伟大的音乐家成功合作过，如耶胡迪·梅纽因勋爵、玛塔·阿格里奇、皮埃尔·富尼埃、让·皮埃尔·朗帕尔、朱塞佩·贾克米尼骑士等。

汤沐海的歌剧造诣极深，于1985年率中央歌剧院访问芬兰萨伏林娜歌剧艺术节，成功指挥了普契尼的歌剧《蝴蝶夫人》。1998年，他在德意志莱茵歌剧院和与上海合作的上海大剧院开幕庆典上指挥瓦格纳的歌剧《漂泊的荷兰人》。2004—2009年任芬兰国家歌剧院首席指挥。2009年，率苏黎世室内乐团及苏黎世童声合唱团在中国首演海顿的《创世纪》。2011—2014年，指挥苏黎世歌剧院（切契丽娅·巴托莉主演）的两部罗西尼歌剧《奥利伯爵》《奥赛罗》由 Deeca 唱片公司制作成 DVD 全球发行。2015年，在"歌剧圣殿"意大利米兰的斯卡拉歌剧院连续七场指挥新版罗西尼歌剧《奥赛罗》，为建院237年来首位在乐季里指挥歌剧的华人指挥家。2016年，汤沐海指挥了德彪西的歌剧《佩利亚斯与梅丽桑德》和布里顿男爵歌剧《螺丝在拧紧》《卢克莱修受辱记》的中国首演。他还从2017年开始每年在中国指挥瓦格纳大型乐剧《尼伯龙根的指环》，并成功指挥原创歌剧《马可·波罗》在广州大剧院的中国首演和2019年在意大利热那亚市费利契歌剧院的世界首演。

他于2015、2016两年率天津交响乐团完成的"贝多芬PK马勒交响曲全集系列音乐会"堪称世界交响演绎史奇迹，并带领着众多欧洲交响乐团以及中国艺术团体在世界范围内巡演。1984年率德国班贝格交响乐团访华，20世纪90年代更多次率中国和上海青年交响乐团访问欧洲，特别是2018年率上海民族乐团在伦敦巴比肯中心、巴黎、柏林和汉堡易北爱乐大厅巡回演出中国传统音乐，在国内外业界引起巨大轰动。2019年5月15日，他受邀在国家体育场（鸟巢）指挥亚洲文化嘉年华开幕式。同年7月20日作为哈尔滨交响乐团（1908年成立的第一个中国交响乐团）艺术总监及首席指挥，率该团在奥地利萨尔茨堡艺术节开幕庆典成功演出，这是该艺术节首个邀请的中国交响乐团。

吴林励（以下简称"吴"）：汤老师您好！2019年7月，

您应萨尔茨堡艺术节[1]组委会邀请，带哈尔滨交响乐团赴奥地利参加萨尔茨堡艺术节开幕暨庆典演出。这是中国的交响乐团第一次参加萨尔茨堡艺术节，是非常振奋人心的一件事情。您不仅为哈尔滨交响乐团的发展取得了成绩，也为中国的交响乐发展增添了精彩的一笔。请您谈谈您的体会。

汤沐海（以下简称"汤"）：可以的。萨尔茨堡艺术节是最古老的音乐节，这次我带着哈尔滨交响乐团参加的是萨尔茨堡艺术节的开幕式，主要演的是莫扎特的作品《费加罗的婚礼》序曲、《第31号交响乐》《莫扎特第四小提琴协奏曲》，海顿的《四重协奏曲》。今年也是卡拉扬先生逝世30周年的纪念，我是他的学生，对我来说，带着中国交响乐团去那儿演出也是缅怀我的老师。这次中德奥的艺术家会有很多的交流，柏林爱乐乐团、维也纳爱乐乐团也会有一些艺术家加入我们的演出，并展开了一些友好的交流。这是非常有意义的一次艺术经历。

---

[1] 萨尔茨堡艺术节，至今已有99年的历史。据悉，每年萨尔茨堡艺术节都将持续40天，平均上演260场世界顶级交响乐、歌剧、室内乐与戏剧作品。作为世界水平最高、最负盛名的艺术节，理查德·施特劳斯、托斯卡尼尼、卡拉扬等音乐家都曾担任艺术节的艺术总监，由维也纳爱乐乐团担任驻节乐团，柏林爱乐乐团、巴伐利亚广播交响乐团、阿姆斯特丹皇家管弦乐等世界顶尖乐团每年都会登台亮相。

2019年7月，汤沐海带领哈尔滨交响乐团在萨尔茨堡音乐节演出

吴：我看了开幕式演出的部分录像，哈尔滨交响乐团的演奏水平提高飞快，您是怎么在这么短的时间使乐团取得这么大进步的？

汤：政府很重视文化和艺术发展，这给予了乐团很大的支持，乐团成员有着极强的追求、较高的艺术水准。如此，我们团结一致，细致入微地认真排练，便获得了较为满意的效果。

吴：演奏《莫扎特第四小提琴协奏曲》时，担任独奏的是您14岁的女儿汤苏珊。她年纪虽小，但已经有很成熟的音乐表现力。您平时培养这位小天才时特别注重些什么呢？

汤：我会很重视启发她对音乐的理解、对音乐的爱。对作品要有感觉，要理解作品的意境、内容和情绪。我经常借她熟悉的情景来带她入戏。我记得我女儿拉协奏曲《梁祝》时，所有人都反对说："她那么小，怎么知道抗婚？"我质问他们："你为什么要让她理解抗婚？她经历过其他的类似于内心冲突的情感呀，比如对宠物的爱，某件让她感觉羞辱的事情、在玩耍中与人分享的快乐感受，等等。这一点一定要灵活，不能僵化。等她稍大些，再给她讲解，那时再相对完善地追求更极致的音乐诠释。"

2019年7月，汤苏珊在萨尔茨堡音乐节上演奏

吴：2019年12月，您带中国歌剧舞剧剧院舞剧团、管弦乐团去俄罗斯巡演舞剧《孔子》，可以谈谈您的体会吗？

汤：首先，这种国际文化交流自然是需要的，《孔子》的影响就在那儿，你把它带出去就很有意义了，是一件好事。我们国家尽量号召我们多做文化交流的事情。我们先后在俄罗斯顶级艺术殿堂圣彼得堡马林斯基剧院和莫斯科克洛伯夫新歌剧院演出。几乎场场座无虚席，反应热烈。这说明俄罗斯观众很喜欢中国的音乐、艺术，很喜欢这样的文化艺术交流活动。其实中国现在的音乐水平不用西方人来承认。文化不用去较量，本来就应该各是各的、多元化的。我们应该下功夫把自己的文化做得更好、更精彩。

吴：40年来您一直活跃在世界舞台上，您是如何看待中外音乐文化交流现状的？

汤：西方人太不了解东方，其实从发展来看他们没有太多优势，而中国人从五四运动之后就认真地学习西方，了解西方。中国的文化历史悠久，有着独特的东方美。比如中文不用严密地通过逻辑，就是主谓宾结构，它是用情感来带动语言的发展，这种价值能更给人带来很大的遐想的空间，非常自由。我们用各种各样的办法可以表达所有的一切。而西方语言语法

捷杰耶夫观赏交响乐现场伴奏舞剧《孔子》后与演员合影留念

逻辑清楚、结构明了，易于学习，但很难改变它的结构和顺序。今天的中国和40年前不一样了，在文化上一定要理直气壮，有自己的文化自信。中国的文化本来就是博大精深，当年的长安全世界都来朝拜。但是文化的进步不是快速的，文化发展需要有底蕴，需要冷静的思考，需要社会的共同努力。

吴：您对当下的音乐工作者有些什么建议呢？

汤：我希望大家要警醒，了解我们自己的文化和历史，也了解我们所处的时代，用我们的勤劳、努力，我们的体制、财力来发展我们的优势，克服自身的缺点。在这个历史阶段、最好的时机繁荣我们的文化、找到自己的定位，明确自己的价值体系和目标。我们要学会分析，在这个时代我们到底在哪儿？应该做些什么努力？什么应该做？什么不应该做？中国经过了这么多磨难，能够追上来，这就是奇迹，这证明了这个民族的凝聚力。这个时代中国已经养好了伤，我们更应该去思考：我们该如何进步？如何发展？我们的民族现在勤勤恳恳，在努力，但是有些人在意念上却没有超越，不知道自己努力的方向，只是在一味地崇洋。现在音乐的普及面进步非常大。这也是值得研究的社会现象，我们向西方学习到底为了什么？我们应该学习怎样使自己更进步更完善？我们向西方学，反过来他们现在也要向我们学。西方也应该向东方学些，这才是文化交流的意义。我记得1979年柏林爱乐乐团来访,我感觉就像我们在沙漠中吮吸到了甘露。再后来,我们开始有了出国看世界的机会。当时我已经30岁,在国外很努力,老老实实在那儿学习,想赶上甚至超越他们。交响乐、歌剧与一般音乐形式不一样,很讲究文化的深度,当然音乐本质方面的东西是一样的。目前大家在音乐文化观念方面还多处于不太健康的旋涡里。好些人一味地只是崇洋,不知道自己努力的方向。我们还必须谨防有人扰乱市场,搅扰我们的判断力。我30岁的时候向西方学习可能是需要的,现在70岁了再回来看,大家还是这样,没有超越,就不太合适了。

吴:您指挥过很多民族管弦乐团,这里可以谈谈您对民族管弦乐队发展的看法吗?

汤:我希望政府支持中国传统文化的发展,现在对民乐的发展还不够重视,我参加民乐排练,从作曲家、演奏员到乐团负责人,都比较迷茫,不知该如何发展。我个人认为,应从每个细节去研究,从细节上发展,从乐器的材料上下功夫。比如说竹子,哪一种竹子最适合做笛子?从作曲的角度仔细研究,让最一流的作曲家与民族乐队长时间地合作。在发展上,如果自己在艺术上都没有底气、没有中国底蕴,那怎么理直气壮、心平气和地去国外交流?我曾经有一个想法,成立一个新的中国乐派，50个西洋乐队演奏家，50个民族管弦乐团演奏家，组成100人的乐团，发挥各自的特点，请专门的人为这种形式的乐团作曲，甚至可以成立专门的音乐学院，来创作这样的作品。东西方文化的精华在一个乐队里展现，站在全人类文化的立足点上，把最好的文化激发出来，创造出新的美学思想。民乐是有很大的可能性的，拉弦乐器的拉法、弹拨乐器的特性，这些都个性鲜明。但我们的研究不能浮于表面，而是可以挖掘得很深的。

吴：2015年，您在斯卡拉歌剧院指挥新版制作的罗西尼

2015年，汤沐海在斯卡拉歌剧院指挥演出罗西尼的歌剧《奥赛罗》

歌剧《奥赛罗》，演出共七场。该制作由斯卡拉歌剧院和柏林国立歌剧院联合出品，导演为前萨尔茨堡音乐节艺术总监荣根·弗里姆。您是首位登上斯卡拉歌剧院乐季指挥歌剧的中国指挥家。这也是继1983年您指挥柏林爱乐乐团后，华人指挥家在全球范围内取得的又一次突破。您作为华人，却被誉名为"罗西尼专家"参加斯卡拉歌剧院的音乐及演出。可否谈谈您的心得？

汤：这恰好说明音乐是相通的、无国界的，我从小学习作曲，我知道作曲家都是有感而发，都是纯粹地因为想表达而创作，而不会想其他的事。我会去寻找这个作品的根源，当我面对作品时，我要变成作曲家本人，我指挥勃拉姆斯的作品，就一定要变成勃拉姆斯。我一定要完成这个转变，最后在演出之时，我感觉这些作品好像就是我写的。我一直认为，指挥最重要的就是研读总谱。弹总谱是一种技能，但读总谱靠悟性。我从小看总谱，就像看小说一样，我会去体会每一个小节、每个音符，作曲家想表达什么。这从来不是老师告诉我的，自己很自然就这样。我想我只需要有条件，需要有总谱，看着看着就会了。小时候，我爸爸每周末必听唱片：肖邦的《第一钢琴协奏曲》和他最喜欢的柴可夫斯基的《天鹅湖》。那时我妈给我买了一架钢琴，本来她的初衷只是希望我对音乐有兴趣，并不是想让我成为今天的郎朗。后来我发现了爸爸书架上的一本总谱，我弹得太喜欢了，自己越琢磨越有意思，从此就开始研读总谱。我10岁左右就开始看总谱了，其实会弹琴就会读总谱。这没有高低之分，你只要想尽办法去理解它，读懂它。比如，当你面对喜欢的动物，你会想尽办法去理解它们的语言。所以拿到作曲家的总谱，要感悟它们所散发的信号，好奇心是我与生俱来的天性，我很崇尚无师自通、自己反复琢磨。其实罗西尼给我的感觉就像个大腹便便的厨师，像个上海男人，你顺着他的感觉走，会发现他一点儿也不费力，加点儿蘑菇、加点儿胡椒，再加点儿香草……对他来说，写出这样的音乐轻轻松松，不费半点脑筋。我喜欢通过音符去理解作曲家的精神世界。我反复思索：他到底想传递怎样的精神和热情？

吴：为什么您在舞台上的形象总是精气神很饱满、气场很大？

汤：是有些人这么说，其实是作曲家给了我激情。我平时刻苦学习作曲家的作品，分析作曲家的背景知识，我理解了他们。当这一切综合起来，演出的那一刻我已经化身为他了，我感觉这些作品充满了鲜明的自我烙印和表达的欲望。我从小就崇尚学习作曲，总认为自己写的在人类历史上留下的音乐作品才是最伟大的。不过后来我发现我的理解是片面的，作品写了没人演，也只是白纸黑字，没有实现它的意义。

吴：难怪一些作曲家指挥自己的作品都非常棒。那您对作品的诠释和演绎会经常变化吗？

汤：太可能了。什么东西都是可以反过来的，不管是什么，调式、和声、结构，每天晚上的表演都可以不一样，小调也可以欢乐，没有固定模式，模式随时都可以在变化。为什么不可以换一种表达呢？

吴：您是以体验的方式对待音乐的过程，所以不会去固化某一种演绎方式吗？

汤：对，它毕竟不是足球，球进就是进，不进就是不进。当然你不能太离谱，有时我会给乐团成员打一个招呼："今晚演出我会换一种体验。"

吴：看来您的乐团成员是久经考验的了。您在排练中重视解决哪些方面的问题呢？

汤：要用辩证的方法来对待排练。排练不是教演奏员动作，排练是教大家正确地思考，理解声部之间的相互关系，辨别什么是主要的、什么是次要的。就像一个画面，越画越明白才行，必须清晰。还有排练目标要实现，结果还是很重要的。

吴：作为指挥家，您的工作强度特别大，满世界地排练演出，您为什么把工作安排得这么满？

汤：我非常注重怎样最大限度地发挥自身优点，使它更大程度地趋于完美，自己要在实践中去发现自己还有什么可能性。我也很相信无师自通，所以我不停地音乐实践、工作，在这个过程中随时汲取营养。我想我永远不会停止，永远不会停止判断，除非到死的那一天，哈哈。

吴：您是"音乐小天使"基金会的音乐顾问，"音乐小天使"是个公益平台，自 2011 年成立以来已经为各个音乐表演专业的青少年们提供了与著名音乐家合作和展示表演的机会。

汤："音乐小天使"是个公益的文化艺术平台，初衷是力争为民族多做点事情。音乐能使这个世界更美好，通过"音乐小天使"，如果能将爱传递给每一位孩子，在他们心中种下一颗爱的种子，长大后依靠各自的特质和能力，自觉担当传承音乐文化艺术的重任，乐于回报社会，我会觉得很有意义。我曾经在"音乐小天使"的开幕式上说过："我们这一代人因为历史的原因，在努力奋斗、追求成功的道路上，都曾经历过无数的困苦和沧桑。而在我们取得每一个来之不易的成功背后，我们又都得到过许许多多爱心人士无私的帮助和指点。因此，当我们今天具备了一定的能力，可以来帮助这些具有音乐

汤沐海在公益的上海"音乐小天使"活动中指挥演出

2019年，汤沐海执棒意大利斯卡拉爱乐乐团演出一系列中国当代音乐作品

天赋和才华又特别刻苦努力，只是缺少成功机会的'音乐小天使'们，我们非常渴望以此来回馈我们当年所得到的关爱和帮助。"

吴：现在很多儿童、青少年都会学习一门乐器，您对普及性的音乐教育有什么忠告？

汤：对于儿童音乐教育，首先要启发他们对音乐的热爱，不要在技术练习上过于苛刻，也不要在音乐理论上框住他们、羁绊他们，这样会容易在练习过程中残害他们对音乐的爱。虽然音符长短要求是严格的、精准的，但首先要启发他们有兴趣。这一点很重要！因为不是每个人都对音乐有兴趣，这种天生的东西很难培养，有就是有，没有就是没有。这个社会本来就是各就各位、各有所长、各有所分的。因为只有这样，社会才能平衡发展。关键在于你在这个过程中是否很享受。

我曾经在日本排练，有个年轻人在乐团帮忙修空调、桌椅等。你需要他，他就来帮忙，他没有任何高的自我定位，做这份兼职的工作能给他带来快乐。他说："我用挣的钱每年出去旅游，在沙滩上躺着，什么都不想，这是我最喜欢、最有幸福感的事情。"我想：如果我们每个人开心简单地做自己喜欢的事，无论事情的大小、薪水的多少，这个社会会更和谐有序。我认为社会平衡用文化来调节是非常好的，这也是文化的功能之一，文化的发展是自然而然的，如果很多东西都靠人制造出来，就不太好了。

吴：您怎样理解表演家的自我和作曲家的内心世界之间的关系？

汤：当今有一批表演艺术家无视作曲家的初心，完全演绎成自我版的莫扎特、勃拉姆斯。对此，我保持怀疑的态度。艺术家有两个标准：一个标准是，演奏是不是要有自己的特点？所有的作品都添加上自我的标签，加上"我"的烙印。另一个标准是，音乐表演家与作曲家的内心世界要有交流，探索他们的内心世界，表达出作曲家想说的话。我想：观众来音乐厅欣赏音乐家的演奏，不一定只是来听演奏家的自我表达，他们可能更想倾听贝多芬、柴可夫斯基等作曲家在思考什么，想去了解他们的内心世界……

◇ 延伸阅读

汤沐海出生在一个艺术氛围良好的家庭。他的父亲是有着"中国战争片之父"美誉的著名电影导演汤晓丹,母亲是有着"中国一把刀"之称的著名电影剪辑师蓝为洁,哥哥是著名油画家汤沐黎。其父汤晓丹以执导电影《渡江侦察记》和《南征北战》红遍大江南北。汤沐海从小就展现出过人的音乐天分。他10岁的时候在父亲的书房里发现了柴可夫斯基的舞剧《天鹅湖》的总谱,便在钢琴上如饥似渴地"阅读"和弹奏起来,总谱里的声音世界让他觉得妙趣横生,他经常会莫名地被一个和弦的音响色彩感动……从此他爱上了音乐。

汤沐海曾说过:"我的人生就是南征北战。"年轻的时候,他当过车间工人、新疆部队文工团的手风琴乐手、音乐学院的优等生……1978年,他到德国慕尼黑音乐学院大师班学习指挥,从一名普通的留学生成长为具有世界影响力、与众多世界知名乐团合作的著名指挥家。

汤沐海对音乐的信仰坚定不移,他在音乐之路上勇往直前,在音乐殿堂里百炼成钢,这造就了他具有传奇色彩的人生。

叶聪：
从深层次上来说东西方
文化是相通的

被采访人：叶聪
采访人：吴林励
时间：2019年12月18日
地点：中央民族乐团附近

叶聪是历史上第一位跨越东西方、同时担任交响乐团与华乐团音乐总监的指挥。他目前担任新加坡华乐团音乐总监。

作为一个勇于革新的乐团建筑师，叶聪成功地带领新加坡华乐团创立"南洋特色"的品牌节目，并在演奏质量上迅速提升，成为当今世界级顶端乐团。2005年，叶聪与新加坡华乐团横跨欧洲，成功地在伦敦巴比肯中心、北英格兰的盖茨黑德，以及布达佩斯春季艺术节演出。2009年8月，新加坡华乐团成为历史上第一个应邀在爱丁堡艺术节开幕周演出的华乐团。叶聪于2013年10月荣获"新加坡文化奖"。2019年，叶聪与新加坡华乐团再次远征欧洲，享誉柏林（德国）、布拉格（捷克）、弗利（意大利）和多多尼（希腊）。

在他担任音乐总监的28年中，叶聪逐渐把美国南湾交响乐团塑造成美国中西部最佳地区性乐团之一，他与南湾交响乐团更于1995年获美国ASCAP协会颁发的大奖。为表彰其28年来担任音乐总监时所做的卓越贡献，南湾市特地把5月7日定为"叶聪日"。

叶聪曾担任过美国西北印第安纳交响乐团音乐总监、美国奥伯尼交响乐团首席客座指挥、佛罗里达交响乐团驻团指挥和圣路易斯交响乐团助理指挥。作为一个活跃于世界各地的艺术家，他曾应邀指挥过多个欧美一流交响乐团，如芝加哥交响乐团、旧金山交响乐团、圣路易斯交响乐团、明尼苏达交响乐团、罗切斯特交响乐团、法国广播电台爱乐交响乐团及苏格兰皇家交响乐团等。他也经常穿梭旅行于亚洲各地，与北京、上海、香港、东京、首尔、台北、吉隆坡等地的主要交响乐团、华乐团合作演出。叶聪与得洛斯国际唱片公司、拿索斯古典音乐、雨果唱片公司等合作，曾录制多张光碟专辑。2019年12月31日，叶聪在上海大剧院成功地指挥了上海民族乐团跨年音乐会《乐响四季》，这场由"腾讯艺术"实况转播的音乐会在当夜达到108万人次的空前收视率。

叶聪在指挥教育界也极负盛誉。他曾是捷克交响乐指挥工作坊的艺术总监之一，并曾在美国"指挥家联盟"与北美交响乐团联合会举办的工作坊担任讲师。他也曾在北京、上海、香港、台湾和新加坡等城市多次举办指挥大师班。近年来，他兼任中央民族乐团首席客座指挥、无锡民族乐团首席客座指挥、江苏大剧院艺术委员会委员和上海音乐学院贺绿汀中国音乐高等研究院艺术委员。叶聪还曾被评为中国"千人计划"专家，并于2016年荣获由中国民族管弦乐学会颁发的"杰出民族管弦乐指挥"称号。

吴林励（以下简称"吴"）：叶总监您好，您训练的新加坡华乐团无论是音色、音准，都非常出色，请您谈谈这方面的心得好吗？

叶聪（以下简称"叶"）：谈到训练乐团，我要先提到我以前的经历。我早些时候在圣路易斯交响乐团和芝加哥交响乐团做过助理指挥，不久后我得到一个音乐总监的职位。这是美国的一个中型交响乐团，在印第安纳州，叫南湾交响乐团。他们一年要演五场交响音乐会、四场流行音乐会、四场室内乐音乐会，大概一年要准备二十场音乐会节目。这种地区性乐团很需要指挥的训练意识与技术，相对来说，这样的工作对指挥更具有挑战性。这类乐团的成员有时会身兼学校教职工作，或同时在几个乐团里演奏，可能这几个乐团之间的距离相差几百公里。所以这对音乐总监的要求很高，更需要高效率地排练。指挥只有不断提出准确的要求，才会创造出高质量的音乐会。"无心插柳柳成荫"，我在美国做了一流乐团的助理指挥之后接受了这样的一个新职位，一干就是28年，这段经历锻炼出了我在乐团里能用很短的时间就把乐队拧成一根绳的本事，包括音准、节奏、音色到音乐风格。我是2002年才接任新加坡华乐团音乐总监。2001年9月，我在香港由雨果唱片公司老板，新加坡人易有伍介绍去新加坡华乐团任客席指挥。之后他们热切地希望我能够任他们乐团的音乐总监，我接受这份工作到现在也将近20年了。我指挥民乐的经历，其实是从20世纪90年代与"华夏室内乐团"的合作开始的。这个乐团是由李西安（中国音乐学院原院长）、张维良创立的。当时作曲家陈其钢联系了法国巴黎的一个很重要的现代音乐节,由法国电台邀请,想由"华夏室内乐团"演出一场民族室内乐团的现代音乐会。那时现代音乐在中国的观念还比较薄弱,所以主办方要求找一个不住在中国的华人指挥。

吴:他们需要一个了解东西方两种音乐文化的指挥?

叶:对,当时陈其钢就找到了我。我就飞去了北京指挥"华夏"。

吴:那次"华夏室内乐团"在1996年巴黎国际音乐节首演取得了很大的成功。我看过华夏室内乐团的艺术总监李西安先生的一篇文章《叩响现代之门——华夏室内乐团的艺术构想与实践》,其中有一段对您的评价:"要建成一个合格的新型民族室内乐团,另一个重要前提是要有好指挥。能够请到优秀的旅美指挥家叶聪任首席指挥,确实是'华夏'的幸运。现任美国南本德交响乐团和香港小交响乐团艺术总监的叶聪,曾成功地指挥过国内外许多著名的交响乐团,享有很高的声誉。出人意料的是,这位交响乐指挥竟然也和作曲家们一样,不但对仅有七个人的'华夏'一见钟情,而且一往情深。加上绝大多数成员过去从未接触过现代作品,要手把手地从头教起,这种缘分就更加难能可贵。尽管远隔重洋,但每当'华夏'有重大演出时,叶聪就专程飞来北京,而且不顾旅途的劳累和时差的困扰,一下飞机就直奔排练场和作曲家们对总谱,对完总谱紧接着就开始排练。作曲家们非常惊讶叶聪事先把总谱分析得如此细致,连一时疏忽写错的音都能给挑出来;队员们不仅对他的指挥艺术佩服得五体投地,更被他对民族音乐的热情深深感动。他对排练的要求极其严格,一丝不苟,但又非常地风趣、幽默,不时给大家一点鼓励,有时还穿插一段小故事,引得哄堂大笑。就在这样一种既严肃认真又和谐友好的气氛中,突破了一个又一个难点,最后把作品演奏得完全出乎队员们的想象。难怪有人在第一次排练后就感慨地说:'我参加了十年合奏,今天才知道什么是合奏!'"

沉醉在乐曲中的叶聪

叶：是的，再回到你的话题。当我刚接任新加坡华乐团音乐总监的时候，乐团有些人恐怕我摸不着头绪，居然有人来给我解释如何诠释《梁祝》小提琴协奏曲。我当时回答说："《梁祝》上海首演时，我在现场，而且我和俞丽拿、陈钢都非常熟……"他们才开始明白，虽然我从小学的是西乐，生活在美国多年，但我30多年从上海音乐学院一直到东方歌舞团，耳闻目睹了丰富的中国音乐。

吴：这些经历可能都为您之后接手新加坡华乐团做了铺垫？

叶：是的，我为什么接下新加坡华乐团？其实我当时对民族管弦乐整体音响有很多疑问，我发现民族乐团人员越少越好听，人越多声音反而越闹，尤其是乐团到了80—100人，音响很不调和。当时我的好朋友鲍元恺（作曲家），写了《炎黄风情——24首中国民歌主题管弦乐曲》，都是以中国民歌为素材，但只有管弦乐版本，却没有民乐版的。我曾经劝他改成民乐版，但他说这太难了，因为民乐的声音有"尖、扁、杂、散、闹"的毛病。我当时就很想把民族管弦乐团音响的这个问题弄清楚，想找到解决的办法，更想改变它的现状。因此，我接下了新加坡华乐团。

吴：您当时是出于一种自我挑战的心理吗？

叶：对。首先，我知道这是不容易的，有困难，但我天性比较喜欢富有挑战性的工作，有冒险精神。就像1981年我一下子就去了美国，当时没有什么经济基础，完全是靠一点儿拼搏的精神。其次，新加坡华乐团的管理机制相对完善，我在不在本地，乐团都可以正常有序地运转。他们这套完善的机制运转，不用依托于某一个人。最后，新加坡政府非常重视这个乐团。总理李显龙是乐团的赞助人，大家认为是国家领导人支持了这个乐团，这给乐团增添了很大的信心。

吴：您接任新加坡华乐团的音乐总监后，做了哪些改革呢？

叶：走马上任之后，我发现曲目非常陈旧，缺乏特色，因此我做了这些改革：第一，着力发展新曲目、现代曲目，在传统曲目中保留经典曲目。第二，委约创作新加坡风格的作品，打造当地的南洋音乐风格作品。先投石问路，演过去已有的作品，然后举办南洋风格国际作曲比赛。新加坡是个多民族的国家，要创造出自己的文化特色，所谓"南洋风格"是指新加坡和周围地区的文化风格。当时这个观念引起了总理的注意，他私人捐款75万新加坡元支持这个作曲大赛。第三，我发现新加坡是个东西方文化结合的国家，所以做了很多东西方音乐结合的尝试。比如爵士、凯尔特、吉卜赛等，我从欧洲、美国请最好的演奏家们与他们合作，要想让民乐走向现代吸引年轻人，必须要有动感，有流行元素。要不民乐只能去养老院了。第四，我创意性地策划了很多综合性的大型制作音乐会，结合歌剧的因素，结合许多投影及灯光，演出形式多样化，如《马可·波罗》《郑和下西洋》《刘三姐》等。第五，乐团与多媒体形式广泛合作，如我委约了一首曲子，由新加坡书法家陈瑞献当场与音乐互动挥毫书写自创的一首诗，当时我们去英国伦敦演出了这部作品。我们又与陈瑞献先生合作了音乐与他绘画的作品。乐团演奏20多分钟，他一面听曲子一面画，画的过程完全用录像录下来，但技术人员在录像后把陈先生本人隐

叶聪正指出在指挥排练中一个非常重要的问题

去，所以在演出时我们在视频里看不到他，只看到一堆堆的颜色在动，画不断在完善中，台上的乐队把音乐演完，视频上的绘画也完满结束了，天衣无缝。这种形式当时并不多见，在伦敦演出大受好评。我当时制作了许多大型的多媒体音乐会，和上海音乐学院陈强斌的团队以及浙江动画学院都有过合作。我曾经做过两套戏曲动漫音乐会，其中有《贵妃醉酒》《武松打虎》《林冲夜奔》等中国有名的故事。许多动漫作品中都运用了戏曲元素，这些音乐对指挥是很有挑战性的，在时间上要配合得特别准确。

吴：您上任新加坡华乐团音乐总监之后，如何训练民族管弦乐团呢？

叶：再回到刚才提到的民族管弦乐队的音响缺点"尖、扁、杂、散、闹"，在探索的过程中我发现了几点问题的来源。

首先，问题来自作品，这包括音区、配器、织体方面的问题。不少作曲家缺乏对民族乐器的深入了解，经常写到对民族乐器来说不合适的音区里，因为民族乐器有些音区是很干或音不容易准或力度较弱的。再说到织体，不能照搬西方的弦乐、管乐的织体。西洋铜管照搬到唢呐，小提琴当成二胡，弹拨乐器成了中间的填补物，这些都是缺乏对民族乐器的深入了解，从而造成了演奏上"不顺手"，音响上不协和。

其次，民族乐器的个性很强，不少乐器原来以独奏和"小合奏"为主，不是为合奏大乐队而制作。把它们简单地"绑"在一起演奏，而不在乐器上演奏上加以改良，很容易出现"一起奏"而非"合奏"之现象。有些声部本身就有严重问题，比如低音唢呐和次中音唢呐，中音唢呐和高音唢呐，当合在一起时，这中间经常在音准及音色上不和谐。再如新笛、曲笛和梆笛一起演奏时，新笛就根本听不见了。当然现在乐器也在不断地改革，出现了很多有效的乐器改革，使乐器不断在"融"与"合"的道路上迈进！

最后，演奏员所受的教育中缺乏合奏观念、合奏意识和合奏听觉的训练，也没有形成这样的训练系统。那么把这样的乐器、作品与演奏家放在一起，就很自然地导致民族管弦乐队"尖、扁、杂、散、闹"的问题。

我的改革首先是在委约的作品中尽量找民族管弦乐配器技术好的作曲家，并在委约前提出要求，帮助作曲家去了解民族乐器，知道每一乐器的"长处"及"短处"。我在团里设驻团作曲，并每两年设立"作曲工作坊"，经常一起讨论，让他们更了解民族乐器。其次，与乐器制作的人讨论、研究怎样改革乐器。我前不久刚与中央民族乐团的唢呐演奏家牛建党商量他那套加键的唢呐，讨论如何使音色更为统一。拉弦乐器方面，也会考量胡琴的种类，经常和首席商量如何在演奏上形成统一的声音。关于乐器方面我总是在琢磨，希望寻找到相对音色统一的乐器制作。但是再好的乐器，如果演奏员在听觉上和意识上没有提高也是无用的。我很重视乐队的音响训练，并做了大量的分部排练、分组排练，我甚至自创了分部练声曲。我记得当时乐队管乐的问题比较大，我就将英国现代作曲家本杰明·布里顿的《青少年管弦乐队指南》中的某些段落作为管乐的练声曲，让他们练习从软吐到硬吐的多种吐音技术。训练演奏员互相倾听，能听到别人的声音，学习如何融到整体里，"融"字很重要。

我还强调训练声音的弹性，避免"硬"与"死"的声音。弹拨乐器的声音如果没有共鸣，就会很干。训练乐团成员相互倾听最关键。有一次我在美国，有一个新加坡华乐团的客席指挥给我打长途电话，他问乐团成员为什么排练时在皱眉头，是不是对他有意见？我说不是的，这是因为我要求他们互相听，音不准了要相互纠正，他们听得不满意了就会皱眉头，他这才恍然大悟。训练乐团不是一个容易的过程，如果指挥接手一个已经训练好的乐团当然很幸运，但是大多数时候不是这种情况，但训练乐团对指挥的听觉要求很高，你自己本身必须具备一个高度敏锐的听觉。我也会从音准、音高、音色上想很多办法，借鉴一些东西方传统的或现代的作品中的一些片段，通过练习甚至练声曲来训练和调整乐团的音响。这些年,新加坡华乐团的声音已经训练成可以根据音乐风格来变化了,声音既可以站立起来,也可以在演传统作品时让音色"横"一些。但无论演奏什么音乐风格,声音都不能"尖、扁、杂、散、闹"。我曾对他们开玩笑说:"如果你的声音那么吵吵闹闹,唐伯虎会逃走,梁山伯也会上吊的。"

吴:您的排练也很幽默,强调音响观念和声音的质地。我还看到您对民族管弦乐队的声部位置也做了一些改革。

鼓是乐团中最重要的乐器之一

叶：你觉得民族乐器中包容性最大的乐器是什么？这个问题我经常与别人探讨。

吴：我认为笙组和拉弦乐组都有一定的包容性。

叶：是的，但具有最大包容性的还是拉弦乐！所以我做了大幅度调整，使拉弦乐人数更多，让他们的演奏方法更统一，比如揉弦用多大幅度，乐句也要统一，等等。我把拉弦乐组全部放在乐队的前面，以一个半圆形包围着乐队。最初民族乐器的制作是不够交响化的，也不太适合大乐队形式。当然老一辈音乐家还没来得及解决所有的问题，所以我们现在必须要面对和提出这些问题。就打击乐的制作来说，比如锣、鼓和镲，我的演奏员们现在都不敢打了，因为力量稍微一大就太响，要不就又轻了，成了"视觉艺术"。但你不能总让打击乐很轻，因为打击乐是民乐里非常好的特性乐器。但如何在乐器制作中让它们既保持声音特性，但音量又不要过大，这是一个值得研究的课题。我试图控制打击乐器的音量，甚至在地上放了地毯，我曾经有过多种尝试。美国著名的小提琴家约书亚·贝尔来与我们乐团合作演出，他也带了自己的录音师。录音的时候，他的录音师为了平衡乐队的音响，在打击乐的区域放了吸音的地毯，在墙上也挂了很多吸音的材料，合作出版了一张 CD，效果很不错。对于这些探索，我不是用玩的心态，而是希望把这些事儿作为己任，能解决一些问题。所以本来只想接任新加坡华乐团音乐总监三年，结果做出些成果后，自己越钻越有味道了，这一干将近20年了。

吴：这些年，您也一直在新加坡华乐团探索东西方音乐文化融合的可能性。

叶：是的，新加坡是东西文化交汇的重要国家，在训练新加坡华乐团这个过程中，我发现在中层次，东西方文化好像会有一些不同，但在高层次，东西方文化其实是相通的。

吴：能不能再具体地说一说呢？

叶：比如说声音干净就是干净，弹性就是弹性，融就是融，通就是通，协和就是协和。当然也有不同的东西，东西方音乐风格是不同的，吴冠中先生说过，西方的艺术讲究形状，东方的艺术讲究韵味。我在处理音乐方面，不会要求民乐的声音像西方音乐那么浓、那么厚。但对声音的清澈、干净、弹性和准确上的要求是一样的。对我来说，乐曲处理方面是有区别的，但我指挥东西方音乐的指挥法是基本上没有区别的。东西方音乐既有相通性又有区别性，但要强调的是，缺点并不是"不同"，而是"尖、扁、杂、散、闹"，这是需要改进的。

吴：无论是东方人还是西方人，好的音乐、好的声音，人人都会喜欢。

叶：对的，各团的指挥要好好地训练乐团的声音。音乐院校老师需要训练学生的听觉。有一次我在北京演出，指挥赵季平的《和平颂》，舞台上大家都特别投入，甚至都不敢呼吸了。演完后有演奏员对我说："我怎么都听不太清楚自己的声音了？"我说："那就对了，说明你的小我已经融入乐团的大我，会听周围的声音了。"从小经过合奏训练，有合奏意识的人，会懂得听别人，会配合整体。

吴：您认为现在民族管弦乐团在发展中的瓶颈是什么？

叶：这二三十年来，各省的民族管弦乐团越来越多，政府越来越重视，CCTV的比赛规模也越来越大，音乐院校的教育在技术（音准、节奏）方面也有大幅度的提高，整个的演奏状态好得多了，而且作品、曲目也增加了。但我觉得还需要提高审美趣味，要提高对音响的要求，声音要真、善、美。耳朵要会辨别，明明很吵，明明很闹，却不以为然；明明很杂，却觉得是个"特点"，这就是问题。国内民族管弦乐团的整体音响还需要提高，这可能是当下的一个瓶颈。其次是合奏性的演奏方法还需要提高，个人很好，为什么放在一起音响就不行？这说明合奏意识缺乏，院校关于合奏的训练还是不足。这里面有个很大的问题是音乐院校对许多民族乐团的乐器没有提供专业教学。比如高胡和中胡尚无专业教学设置，一般是由拉二胡的演奏员转为拉高胡、中胡，音色和拉法也没有清晰的标准。我呼吁音乐学院开中胡、高胡课程，至少可以作为选修课。笙也是，不能只教高音笙，不教中音笙和低音笙，唢呐不能只教高音唢呐，这是需要共同来改进的。

吴：能谈谈您在民族管弦乐队与歌剧的结合中的尝试吗？

叶：我在早期做了一些有歌剧性质的音乐剧作品，如《马可·波罗与卜鲁罕公主》《郑和下西洋》《红楼梦》等，有故事，有情节，都是围绕两三个人物。后来也演出了歌剧《雷雨》，前

叶聪在指导大师班的年轻指挥

不久新加坡华乐团在上海国际艺术节首演郝维亚作曲的歌剧《画皮》，一炮打响。演出协奏音乐部分由新加坡华乐团根据曲目需求，挑选25名优秀成员完成。创作前期，我和郝维亚在天津谈起民族歌剧的发展很有同感，他对歌剧也一直有研究和实践，写过《山村女教师》《大汉苏武》《一江春水》《辛夷公主》等，但这部"中国新歌剧"的创作手法和以前还有很大不同。不同之一是不刻意追求人多的大场面、大制作。我们希望这部剧突出的是情感，力求用精简的手法来表现人性中复杂的主题，这无疑是很有难度的。舞台上我们用了20多个人组成的民族室内乐团，这是一次有意思的尝试，因为歌剧历来都是用西洋乐队，但民族乐器的表达方式婉转细腻，有着独特的一种"人情味儿"，非常适合在剧中表现人物复杂又细腻的情感。这部剧的舞台设计也很"简约"，只有一个桌子和椅子、三个特色鲜明的演员，出彩的是用了女中音、女高音和男旦三种唱法，将他们融合在一起。由四川的一位著名的编剧、作家、翻译家王云飞写剧本，他的剧本非常棒！我与这部歌剧创作人员组非常谈得来，因此歌剧在上海国际艺术节首演一炮打响。

吴：《画皮》的乐队几乎全部由中国民族乐器构成，像这样中型的民族乐团与歌剧演员同在一个舞台上，对指挥有些什么挑战呢？

叶：从指挥的角度来说，音乐会歌剧，乐队音色音响的平衡是关键，乐队与歌唱的平衡更是关键。指挥声乐的音色和乐队配合是要根据剧本和整体音乐来调整。还要根据音乐风格调整乐队队员的演奏法，有时声音需要干一些，有时需要柔一点，揉音也要小一点，这是需要变化调整的。从音色上民乐和声乐要配合得更和谐，不同的歌手有不同的声音，音响不能盖过他，等等。

《马可·波罗与卜鲁罕公主》是我刚去新加坡华乐团第一年制作的，作曲家是刘湲。我当时刚去不久就想制作这部作品，刘湲与夫人、已故剧作家、诗人王乙宴共同担任音乐与剧诗创作。七百多年前，马可·波罗与卜鲁罕公主之间的爱情故事，描写惊天动地又纯洁的爱，有独唱、重唱、合唱，大乐队也在舞台上。当时我制作这部剧是有些冒险的，这中间还有一段很戏剧性的故事。刘湲突然创作卡壳，演出前十天还没写出来最后乐章。这场演出，新加坡总理李显龙（当时是副总理）也会来看，我当时着急得焦头烂额。最后他在马勒第二交响乐《复活》中找到灵感，结果这一乐章反而成为整个作品中最棒的一个乐章。剧中马可·波罗在去波斯途中到达新加坡附近的一个岛。历史相传，兰公主远嫁波斯王子，元世祖让马可·波罗护送兰公主。我把这个热带岛屿定位为"世外桃源"——没有战争和自然灾害。乐曲最后一个乐章就结束在一个理想的世界,有合唱颂歌,演出效果非常好。我在苏州也演出过这部作品。兰公主这个角色还是请当年的女高音歌唱家吴碧霞担任的。

吴:新加坡华乐团有一系列和爵士音乐互动的音乐会,这也是有趣的尝试,想听听您对这方面的感受。

叶:我当时对此也很感兴趣,因为我找到了一个东西方文化的交接点。做这种尝试的人一定要有这两种文化背景。我在美国乐团工作生活了37年,我知道爵士怎么弄。爵士有许多是即兴成分,我们的民乐老师傅也都是即兴呀!我在潮州找到潮州筝的名家杨秀明先生,他演奏的潮州筝曲《粉红莲》每弹一遍都不一样,但是每一遍都非常美,一会儿9分钟,一会儿12分钟,一会儿又13分钟,他有很多即兴的成分,非常棒!我在新加坡华乐团成立了即兴工作坊。起初有个华乐团的演奏者说我们不会即兴呀,我说:"错,我们当然会即兴,我们即兴了几千年了,只是后来逐渐在丢失。民乐的老师傅们都会即兴,他们根本不看谱,尤其是民间吹唢呐、吹笛子的民间音乐家,他们每一遍都吹得不一样……"

成立了这个即兴工作坊之后,我请来了美国最好的爵士演奏家来华乐团交流。又让美国人在我们乐队里挑了十几个人开始尝试在音乐中互动。大家经常误认为即兴是民间的、落后的、没谱儿的东西,其实即兴是非常好的一种创作,其中既有规律又有新鲜的创作性展开，造成每一遍的音乐都很新鲜。很可惜现在音乐院校的训练虽然在技术方面远远超过过去的老艺人，但是这种好的表达方式却被"遗忘"了，现在大家都不怎么会即兴了。新加坡华乐团演奏家们的"即兴"演出广获好评，当时即兴演出特别棒的是管子演奏家韩雷，现在中央音乐学院任教。我记得有一首 *Take Five*，他与美国爵士大师戴夫·布鲁贝克的儿子克里斯·布鲁贝克即兴对奏此世界名曲，获得满场掌声！

神采奕奕的叶聪

◇ 延伸阅读

华夏室内乐团在1996年巴黎国际音乐节首演取得了很大的成功，也标志着东西方音乐文化的交融和发展到了一个新的阶段。新型的民族室内乐以民族器乐独有的音色魅力以及独特的语言表达方式向西方展示了一个与之不同的、散发着东方文化气息的音乐世界。

20世纪80年代之后，几乎所有有影响的老、中、青作曲家都先后投入为民族器乐写作，如陈其钢的《三笑》（箫、琵琶、三弦、古筝四重奏，1995），朱践耳的《和》（笛、古筝、二胡、低音大提琴、敲击乐五重奏，1993），高为杰的《韶Ⅱ》（为七件民族乐器而作，1996），郭文景的《晚春》（为一组民族乐器而作，1995）、《戏》（为三对铙钹和演奏者的噪音而作，1996），等等。

作曲家们探寻与民族乐器相关的、深厚的文化传统，与众不同的演奏技法和表达方式。如郭文景的《戏》，其创新点之一是深入挖掘民族乐器的音色特点。全曲分为六个乐章，由高、中、低三种钹来表演。当时郭文景开始厌倦满台打击乐器的作品，决心用一件（或一种）乐器做出一百种效果来。他改变了打击乐器的传统演奏法。过去戏曲音乐中的打击乐是以乐器和在一起的综合音色为主、单个音色为辅，而郭文景把这些组合拆开，让每一件乐器都独立展现，将每件乐器的音色、色彩和表现力都挖掘到极致。他为这三种钹设计了35种演奏法和6种噪音，巧妙地运用了"音色对位"和"重音错位"。使三件打击乐器的音色与节奏产生一系列细腻而丰富的变化，这样的音响也赋予了它独特的文化内涵，极具中国人的"精气神"。

今天，舞台上涌现出越来越多优秀的民族室内乐作品，如秦文琛的《七月·萤火》（为四支竹笛而作的组曲）、贾国平的民族室内乐《铙歌》陈丹布的《醉影婆娑》（为古筝、琵琶、笙而作）、陈欣若的《醉八仙》等。中国音乐在开放中回归传统，逐渐找到了失落的自我，在舞台上绽放出独特的中华文化之美。

张国勇：
艺术之美在于激情
与理性的碰撞

被采访人：张国勇
采访人：吴林励
时间：2020年1月9日
地点：青岛交响乐团艺术总监办公室

张国勇,中国著名指挥家、音乐教育家。1983年毕业于上海音乐学院指挥系,1997年被莫斯科国立柴可夫斯基音乐学院授予音乐博士学位。先后师从中国著名指挥家、音乐教育家黄晓同和享誉世界的指挥大师罗日杰斯特文斯基。现任上海音乐学院教授、上海歌剧院首席指挥、青岛交响乐团音乐总监、贵阳交响乐团音乐总监。

在多年的艺术生涯中,张国勇先后与国内外著名歌剧院、交响乐团合作指挥演出了一系列歌剧、芭蕾舞剧、交响合唱等经典作品,尤其擅长指挥俄罗斯作品,是目前国内公认的肖斯塔科维奇交响乐的最佳诠释者。

他的指挥风格简明自然,富有灵性,如火的激情与深刻的理性浑然天成,极具艺术张力和现场感染力。敏锐的听觉、扎实的基本功、行之有效的排练方法和对作品结构的完整把握,所到之处无不给乐团和听众留下深刻的印象。

吴林励(以下简称"吴"):张老师,您现在兼任贵阳交响乐团和青岛交响乐团的音乐总监和首席指挥。您怎么看待当下中国交响乐的发展呢?

张国勇(以下简称"张"):我认为中国交响乐的道路应该是充分学习、借鉴,掌握西方先进的、科学的表演技术来讲好中国故事,用一种西方人能接受并熟悉的形式来了解中国。

现在提倡与国际接轨，所谓真正的和国际接轨，我觉得是能够在文化上有话语权，让西方人了解中国、认可中国的文化，这就需要有沟通的桥梁，而音乐是非常好的平台。相比较其他艺术门类，音乐具有抽象性、无国界特性。交响音乐之所以成为不朽、成为经典，是因为经过时代考验之后，成为全世界不同的语言、不同国籍和不同肤色的人都能接受的一种艺术。当然，改革开放以来，中国交响乐已经有长足进步，但仍有很大的发展空间。也许中国交响乐需要几十年甚至更长时间去发展，但是我对中国交响音乐的未来充满信心。

吴：您这些年对青岛交响乐团和贵阳交响乐团各自都有哪些发展思路？

张：这两个乐团内部机制不太一样。青岛交响乐团是局属事业单位，整个发展思路要和青岛市"时尚国际大都市的总战略方向"相匹配，倡导"外宣城市，内惠市民"。而贵阳交响乐团是一个民营性质的交响乐团，安排音乐会的曲目会有更大的自由和空间。另外，由于这个工作岗位不是"铁饭碗"，所以人员的流动也比较大，提倡"吐故纳新、吸收新鲜血液"。相对来说，贵阳交响乐团更具活力。

吴：您刚刚在青岛交响乐团2019—2020音乐季闭幕音乐

会纪念贝多芬诞辰250周年系列音乐会上演出了贝多芬《第九交响曲合唱》，由德国波恩交响乐团的首席亚瑟·切莫诺夫担任特邀首席。这场演出的阵容非常大，您还邀请了全国各交响乐团的负责人来观摩和交流。请谈谈您这次的计划。

张：2020年是贝多芬诞辰250周年，全世界都在上演贝多芬的作品。在过去的六七年，我在贵阳、青岛两个乐团都没有安排演贝多芬的作品，就是为了2020年这一年，为了纪念"贝多芬年"。今年我希望在这两个乐团把贝多芬所有协奏曲、交响曲全部演完，这是一个庞大的计划。作为一个职业化的交响乐团，我们理当和国际接轨。既然全世界都在纪念贝多芬，我们今年也会凸显这个年度主题，在为观众演奏经典的同时，也让更多人喜欢上交响乐。

吴：您怎样去计划和推广当代中国音乐作品？

张：首先，贵阳、青岛交响乐团在每年的音乐季里都有"中国故事"专题，上演国内著名作曲家的专场音乐会，如赵季平、叶小纲、郭文景等。同时，贵阳交响乐团还和上海音乐学院研究生处合作了"青年作曲家计划"，我们每年都要给他们演奏一套青年作曲家的新作品。另外，我们还会演音乐会版的中国歌剧等，应该说这个领域里的安排是很丰富的。同时，我每年都要到国外演多场音乐会，一般会尽量在上半场演一部中国作品，让西方人更了解中国。随着我们的经济越来越强，我们的文化也在逐渐地被世界认可。我这样选择是想传达一个信号，中国的指挥既能演绎西方的经典，也要传递中国的当代作品。

吴：2019年10月，您在俄罗斯指挥马林斯基交响乐团"中国之夜"的音乐会上演奏了不少中国作品？

张：是的，我演了王西麟《云南音诗》的第四乐章《火把节》，这部作品是中国少数民族特色的风俗性交响套曲；赵季平的佳作《丝绸之路幻想组曲》；郭文景曾为香港回归庆典而作的交响套曲《御风万里》；当然，还有一些俄罗斯的作品。排练的时候很有趣，当我在排俄罗斯民族乐派后期重要代表人物格里埃尔的《圆号协奏曲》时，乐团成员们说："不要排了，我们都听太多遍这部作品了，您多给我们排一些中国的作品吧。"他们对中国作品饶有兴趣，比如郭文景的《御风万里》，说没有想到这么好的音乐是出自中国作曲家之手。这部作品技术性很强、难度很大，他们却非常喜欢。这些俄罗斯音乐家还特别关注颇有特色的民族乐器，比如管子。其实每次我出国演出，都会尽量选择中国民乐器与交响乐团的协奏曲，二胡、琵琶、唢呐、管子我都带过。

2019年10月,张国勇任指挥的"中国之夜"音乐会在俄罗斯马林斯基剧院上演

吴：对于世界来说，中国民族乐器独奏与西方乐团的协奏曲这种形式是独一无二的，西方没有。

张：就推广中国作品而言，我想几乎所有的中国指挥家都有这种共识，因为我们是中国人，需要为自己民族和国家的音乐文化发展做贡献。我们有责任把中华民族的音乐推向世界。文化和旅游部每年都有一些中外文化交流的项目，中俄、中德、中美、中英文化年等，我参加得比较多。代表国家出去演出，重点当然是弘扬自己的民族文化，每次会和优秀的中国音乐家如廖昌永、郎朗等合作，效果都很好。现在政府对文化给予的支持力度非常大，因为大家都已经意识到，要让世界了解中国、喜欢中国、信任中国，文化交流是最好的方式之一。

中俄建交 70 周年专场音乐会

在莫斯科举办的纪念罗日杰斯特文斯基的音乐会

吴：请您谈谈对中国当代音乐作品的理解。

张：从音乐创作的意义上来讲，我认为应该是积极、乐观向上、传播正能量的，而且应该注重社会效应的。但是至于说怎么写、为谁写、怎么演、在哪里演，这都是我们要考虑的问题。时间不对、风格不对、语言不对都会影响受众。所以我比较主张作曲家既要有成熟的作曲技术，也要有通俗的表达能力，好的当代音乐作品是技巧性和可听性的完美结合，要照顾到听众的审美。我常比喻，世界上有很多收藏家收集名贵的小提琴，但没有一位收藏家把琴挂在墙上仅供观赏，这样的名琴即便价值连城，也只是一块木头而已。几乎所有的收藏家都把自己收藏的琴借给世界著名的小提琴家使用。因为他们都知道，只有让这把琴发出声音，它才是有生命的。音乐家用他的灵感，使灵魂和琴融为一体，这才有意义。音符也同样如此，你说的话别人要愿意听才行。这就好比我们在大学里教共同课一样，同样的课，不同的老师讲，效果则完全不一样。照本宣科谁都会，怎么样能够结合自己的理解，用丰富的语言、极强的人格魅力去吸引共同课上的学生呢？很多共同课的老师抱怨学生不认真听讲，其实真要认真想想，有没有用心把自己的课上得有趣味。再回到音乐创作，道理也是一样的。举一个西方现代作曲家的例子，潘德列茨基20世纪50年代写的《广岛受难者的挽歌》，技法复杂，晦涩难懂。传统的创作技法已走到尽头，大家都开始另辟蹊径了。

吴：潘德列茨基幼年时正好是第二次世界大战时期，也许战争的痛苦惨痛场面给他留下了深刻的烙印。

张：这是一个原因，从创作理念来看，我觉得是原来的技术已经没有办法来描述内心的复杂感觉。所以说音乐语言就会出现艰深晦涩、难以理解的一面，这是一个必然过程。可是晚年他的写作逐渐回归了，你看他的小提琴协奏曲、三个大提琴的协奏曲，技巧性极强的同时，充满了人情味，美得简直不行了。我很欣赏中国的谭盾、陈其钢、郭文景、叶小纲等这些作曲家。二三十年前他们都写过实验性的作品，但现在的创作可听性极强，这就是顺应了时代，中国有一句老话"识时务者为俊杰"。可是现在还有很多作曲家，尤其是在学院里，还在写那些"鬼哭狼嚎"的作品，我也一直在劝他们"迷途知返"。

吴：这是什么原因呢？

张：他们不了解真实的社会，也无法融入这个社会，就干脆"掩耳盗铃"，蜗居起来，以学院派自居。我觉得这是一个固化、不可救药的观念。再说到刚才我欣赏的作曲家们，像叶小纲写的《咏别》、郭文景写的歌剧《骆驼祥子》，他们把东西方的文化相融合，最后变成自己独特的一种中国音乐表达方式，这之间的关系拿捏得非常好。故事通俗易懂，音乐也好听优美，然后又不乏高超的技巧性，这两部作品都是我首演的。再比如谭盾创作的《帕萨卡里亚：风与鸟的密语》，写得那么有趣，有创意。陈其钢的《蝶恋花》我也演过，也都是我心目中技巧性和可听性完美结合的作品，学院派、老百姓都能接受。把这些作品带到国外，指挥西方的乐团去演出，也人人都说好，为什么？关键是作品回归到了人的自然感情，本来作品最终就是演给人听的。

吴：您还参与了一些作品的创作研讨过程吧？比如张千一的歌剧《兰花花》等。

张：对，作曲家张千一创作的歌剧《兰花花》由国家大剧院出品，他完全用黄土高原的音乐，既非常具有交响性，也很具有歌剧性，观众很喜欢，是非常优美的一部作品。我演过很多他的作品，他并不是完全照搬西方的那种表达方式，他有自己的创作思路和风格，作品里运用了大量的民歌，创作手法很成熟。其实张千一也写过实验性的音乐，大学的时候我就为他首演过。所有这些我比较欣赏的作曲家几乎都写过实验性的音乐。

吴：这好像是一个逐步成长的、探索自我艺术之路的过程。

张：人生就是爬山。有一些人永远在山脚下，很满足、幸福，因为他不知道山后面是什么，也不知道山外面的世界是什么，丰收之余自己酿点小酒，日子过得也不错。但是你发现现在的城乡差别正在缩小，因为都去大都市看过，回来后就没法像以前那样生活了。人生也是一样，是一个由简到繁、由繁到精的过程，就像爬山，很多人爬到半山腰就放弃了，但大家都想看山的后面是什么。可等到你努力爬到山顶后，发现原来也就是这么回事，忽然就彻底放下了，因为你全都看到并经历过了。创作的过程其实是作曲家逐步走向成熟的一个过程，从简单到复杂，当什么难的技法都尝试过了，最后才发现简单、自然和人性化原来是最重要的！这些成功的作曲家感悟力都很强，他们知道往哪里去，知道在哪里要画一笔，在哪里要停一步。我所说的这些作曲家也都是饱览群书之人，他们的创作走向成熟是一个自我完善、自我修炼、厚积薄发的过程。

现在有些所谓的现代作曲家，往往跳过了最基本的东西，直接就奔着最难、最偏的地方去了。这种发展缺乏一个铺垫的过程，容易陷入虚幻的境地。举个例子，我欣赏毕加索立体画派的作品，再回去看他那些早期的素描，发现极具传统的功底，他是在传统的绘画已经到了登峰造极的地步才开始往外走的。

吴：我曾经看过您指挥上海歌剧院管弦乐队演作曲家温德青创作的现代歌剧《赌命》，当时觉得很受触动。

张：《赌命》这个故事非常好，温德青是用序列音乐的技法创作的，无调性音乐和有调性音乐的结合，很有技术含量，前后的风格非常统一。这部歌剧我也蛮欣赏的，但是它在中国演得却不多，可能是老百姓不太理解这种音乐的表达方式，很难接受，出国演可能会好一些。像瓦雷兹、勋伯格、布列兹、梅西安等作曲家的作品，现在全世界上演的机会也并不是很多，尽管当年都是不朽之作。

吴：现代音乐作品被人们接受可能是需要更长的时间。

张：有很多东西存在就有它的价值。世界是螺旋形发展，今天的故事就是明天的历史，今天不理解它，并不代表将来不理解。所以我们对现代音乐还是应该有包容的态度。在排练现代作品时，我始终坚持让演奏员们先耐心地按照谱子把它演完，让作曲家能听到真实的声音。凡·高当年的作品没人要，现在却是价值连城。因为真正的艺术家总是走在时代之前。再说世界总是在变化的，由繁到简，可能若干年后，又由简到繁……总之，还是应更包容、更多元地看待现代音乐。

吴：您客席指挥过很多乐团，演奏员们对您的排练都很服气，能否谈谈您的排练心得？

张：排练少了，质量不够，演奏员上台演出会心里没底，指挥也没把握。排练过多，演奏员会厌烦，到台上又没有创作热情了。所以我认为艺术的美妙就在于激情与理性的碰撞，一个好的指挥就要能两头兼顾，根据不同的场合、不同的对象、不同的时间，去找到一个平衡点。比如说排练，我就不主张用蛮力，因为你是需要理性地用耳朵去听乐队发生了什么事情，如果排练时指挥就已经挥汗如雨了，那这不是在排练，而是在满怀激情地指挥自己心里面的那张唱片。排练是需要把乐队的声部关系厘清，解决真实的问题。这就像烹饪，谁都想当大厨，可谁去洗菜、谁去配菜、谁去买菜？一盘菜端上桌，每个环节都很重要，如食材的品质、配菜的比例、原材洁净的程度、如何搭配品相等，最后才是大厨上锅去炒。在这个过程中，理性和激情之间，你需要分配得很好。到了舞台上激情就要多，因为你已经"打扫"干净了，可一旦出现临时的突发状况，你得要想办法补救，理性又要稍微摆到前面来一些。所以，我认为判断一位指挥的成熟程度，就是在激情与理性之间，看他的这个砝码怎么有效地调节。

吴：您会在演出现场获得一些意外的灵感吗？

张：当然会。我认为音乐是时间的艺术，速度和结构就是立命之本，但它又不是"死"的，就好像我们会受气候、情绪、剧场的影响。比如有些音乐厅混响大，有些混响小，你就要有相对不同的演奏法，甚至需要恰到好处地调整速度。你在教堂里演一个快速的段落，你就要相对慢一些，太快了音响容易混成一片。这些都要根据经验进行合理调整。

吴：您调整的标准是什么？

张：理性的标准经验，靠平时的积累。其实艺术是没有绝对的标准的，但乐队和听众是一面镜子，听众的掌声能让音乐家们知道他们喜不喜欢，通过乐队演奏员的眼神就能判断他们投入的程度。必须对自己有一个清醒的认知，一个好指挥其实是顺势而为的，是跟着乐队共同创作的，必须在这面镜子里照到你自己，并及时地调整自己。所以，逻辑思维对学音乐的人来说也是同等重要的。大家容易仅偏向于感性思维，却不知缺乏理性基础的激情是难以有说服力的。舒曼、勃拉姆斯就不主张标题音乐，而主张形式美。他们觉得一段好的旋律，一组优美的和声进行，这本身就已经很美了，为什么一定要去讲一个故事？勃拉姆斯第四交响曲最后一个乐章变奏曲，你用逻辑去仔细分析他是怎么写的，就能情不自禁地拍案叫绝："哦！写得太好了！太美了……"

现在的音乐教育，比较缺乏逻辑思维训练，我认为指挥的最高境界就是曲式结构。因为我一直认为写散文、随笔较容易，只要有些感觉、有点儿文采，随性而来就行。长篇小说就难了，你得写一回又一回，还得让人家愿意看下去，所以这就是本事。可以说交响曲、歌剧本身就是一部长篇小说，你要挥得有章法，乐章与乐章之间，段落与段落之间，乐句与乐句之间，更微妙的是音与音之间，宏观到微观的，都得要有一本账记在脑子里。指挥第一小节的音乐时，你就应该知道指挥最后一小节是什么，这才是指挥最终的一个境界。指挥最怕打乱仗，挥到哪儿是哪儿，那就完了。

张国勇在指挥中

吴：不能仅仅跟着感觉走。

张：对，一个吉卜赛艺人可以跟着感觉走，而交响乐队不能这样。我觉得作为一个指挥得到的最大褒奖，不是你在台上动作有多帅、作品有多难，而是排演过程中乐手与听众觉得时间过得很快，既没觉得冗长，也没觉得烦琐。勃拉姆斯的作品极富哲理，既有自我情感的真实流露，又能在高处理智地俯瞰整个世界。所以在排演的过程中，我需要挖掘出他音乐的内在逻辑和丰富的创意，这非常有意思。

吴：指挥在排演时，是站在自我对作品理解的基础之上，还是应该跳出来，完全地站在作曲家的思想和情感之上呢？

张：戏剧学派有体验派的斯坦尼斯拉夫斯基体系和表现派的布莱希特体系。体验派重视对生活的理解、经历，采用不同的表现形式将生活重现，你演谁必须是谁，要去理解他的生活，演得要和剧本里的角色一模一样。而表现派则比较注重体验本身的实质，而侧重于表现形式，你要理智地跳在外面，用理性去演绎这个角色。其实我觉得两者都很好，而且相辅相成、缺一不可。音乐里有标题音乐的倡导者，像柏辽兹、李斯特，另外还有勃拉姆斯、舒曼、汉斯立克等绝对音乐作曲家，我觉得都很好，如果你能把两者结合得恰到好处，就很了不起。要做到这一点是需要功力的，用自己的眼光去发现那些美，这本身就是一种境界。

吴：请谈谈您在莫斯科国立柴可夫斯基音乐学院留学的收获。

张：在俄罗斯学习时，我主要研究的是肖斯塔科维奇的音乐，上课全部都是肖斯塔科维奇的作品，因为老师罗日杰斯特文斯基是这方面的专家，他是肖斯塔科维奇的挚友，很多作品都是他首演，并录制了肖斯塔科维奇的全套唱片，所以我的目标很明确，专攻比"撒胡椒面"更有价值。因为我觉得指挥不可能是全能的，理当要有自己专门研究的一个音乐风格领域。就肖斯塔科维奇的作品而言，去比较罗日杰斯特文斯基指挥的那套唱片和海丁克指挥阿姆斯特丹音乐厅管弦乐团的唱片，就录音技术、演奏水平以及乐团和谐的程度来说，后者明显比前者好得多，但是音乐里表达的精神实质、民族性格以及肖斯塔科维奇的音乐内涵，后者较前者相去甚远。有人把肖斯塔科维奇身处的时代称为"铁幕时代"，形容他的音乐叫"欲哭还笑"，就西方人的文化、性格和历史背景来说，他们是很难理解的。所以学习音乐要有支点，要浸淫在它的文化、历史和传统中，不断去理解和吸收。

吴：您认为当下中国交响乐团发展的瓶颈是什么？

张：文化管理人、艺术负责人、艺术总监的理念要达成

1997年，张国勇在俄罗斯留学的毕业音乐会后，导师在后台写评语

张国勇与世界著名男中音歌唱家托马斯·汉普森合作

共识，共同尊重艺术发展规律，相互配合，相互完善，才能让乐团有更好的发展。当年我在俄罗斯留学，我看到莫斯科大剧院的包厢，经历了那么多的时代，经历了那么多的政治体制变革，可是剧院没变，包厢没变，《天鹅湖》没变，保存下来的是原汁原味的艺术，这是全人类的瑰宝，应该得到尊重。艺术家只有保持纯粹的心，才能担负自己的使命，才能长远地从事这项职业。

吴：我看到您对青岛的乐迷和听众特别重视，白天排练那么辛苦晚上还参与到普及交响乐音乐知识的讲座中。

张：交响乐事业的发展需要听众的支持，没有听众就是无米之炊，毫无存在的意义，所以我所到之处都会重视对乐迷的培养。现在贵阳交响乐团和青岛交响乐团都有乐迷俱乐部，热闹得不得了，他们也很喜欢我。我到青岛交响乐团八年了，第一年我们只有250个注册会员，现在已经发展到3000多人。我们音乐会的听众素养特别好，这都是一点点培养起来的。

这是个为后人栽树的事业，指挥有责任让后人的起点再高一点儿。交响乐的春天也许在我有生之年不一定看得到，但我一点儿也不悲观。

◇ 延伸阅读

张国勇从2019年起,在《音乐周报》上专题性地连载刊登了《改革开放的中国需要交响乐》《学指挥,我容易吗?》《没钱搞不了交响乐,有了钱呢?》《我爱中国足球,但更爱中国交响乐》《口味越来越重的交响乐》《交响乐中的仪式感》《永远的第一遍》《欣赏音乐要有一个良好心态》《交响乐队需要"男子气"》《由一次历险而想到的》《疫情下的交响音乐》《一家民营交响乐团的自强之路》《怜惜听力》《世上最响亮的一声喷嚏》《谈谈职业病》《作曲家之殇》《灯塔》等20余篇文章。这些文章对指挥艺术及当代音乐进行了深度介绍,对于提升音乐技能,加深对音乐的了解,提高音乐鉴赏水平等都大有裨益。

俞峰：思变创新，勇攀高峰

被采访人：俞峰
采访人：吴林励
时间：2020年1月15日
地点：宁波交响乐团办公室

俞峰，著名指挥家，1964年生于浙江宁波，现任中国音乐家协会副主席，中国文联第十一届副主席，中央音乐学院院长、党委副书记，十八大党代表，享受国务院特殊津贴的专家，入选第三批国家"万人计划"哲学社会科学领军人才。1991年7月毕业于中央音乐学院指挥系并留校任教，先后获学士和硕士学位，在全国青年指挥家选拔赛中荣获第一名。同年12月，受文化部选派赴葡萄牙参加佩德罗·德弗塔雷斯·布朗库国际青年指挥比赛获第一名，这是我国公派指挥选手首次在国际指挥比赛中夺冠，被当地称为"中国的大师""东方的胜利""天才的指挥家"等。1996年7月毕业于德国柏林汉斯艾斯勒音乐学院交响乐队指挥专业，获最高指挥艺术家文凭（与博士研究生同等学历）。2006年5月曾调任中央歌剧院工作，历任副院长、院长、艺术总监、首席指挥，兼任中国指挥学会会长。

俞峰创立的现代指挥教学法，获得国家教育科技二等奖；组织创办了中央歌剧院"国际歌剧季"；率团在国内外指挥演出了《茶花女》《图兰朵》《卡门》《尼伯龙根的指环》等大量世界经典歌剧以及《白毛女》《杜十娘》等多部中国原创歌剧，其中《霸王别姬》获第十三届中国"文华大奖"，《热瓦普恋歌》获文化部国家艺术院团首届优秀剧目展演"优秀剧目奖"，《汤豪塞》荣获文化部国家艺术院团优秀剧目展演优秀演出奖及首届中国歌剧节优秀演出奖,《红帮裁缝》获第十三届精神文明建设"五个一工程"优秀作品奖。俞峰曾获国务院颁发的"有突出贡献的优秀专家"、全国师德先进个人、首都"五一"劳动奖章、中宣部"四个一批"人才、文化部优秀中青年艺术家等荣誉。

吴林励(以下简称"吴"):俞老师,您好!2019年12月,您执棒带中央音乐学院交响乐团首次登上了纽约卡内基音乐厅的艾萨克·斯特恩大厅,在那儿首演了中央音乐学院8位作曲家的8部大型管弦乐作品,按演出当晚的顺序分别是贾国平的《聆籁》、秦文琛的笙协奏曲《云川》、郝维亚的竹笛协奏曲《牡丹亭》、叶小纲的《美丽乡村》、唐建平的《仓才》、陈丹布的琵琶协奏曲《袖剑与铜甲金戈》、常平的管弦乐曲《黑光》、郭文景的竹笛协奏曲《愁空山》,当时观众对这些作品的反应怎样?

俞峰(以下简称"俞"):这些作品观众都很喜欢,尤其是贾国平写的《聆籁》,描写中国的节气,把中国传统文化中自然万物之声融入音乐里,通过处理打击乐的特性音色与不同管弦乐器的发声组合,形成了复合多变的音色和音响。他的音乐里有对人与自然和谐为一的文化观念的思考。这部作品很精彩,在纽约演出,观众特别喜欢。

吴：音乐会结束后，哥伦比亚大学艺术学院作曲系主任乔治·弗雷德里希·哈斯（George Friedrich Hass）高度赞赏："这是一场丰富多样而又令人震撼的音乐会。"音乐会结束的第二天，乐评人兼音乐专栏作家琳达·奥尔特（Linda Holt）在《纽约古典评论》(New York Classical Review)发表了题为《来自北京的音乐学院管弦乐队在美国的首演提供了中国音乐的范本》("Beijing Conservatory Orchestra Provides a Sampler of Chinese Music in U.S. Debut")一文。文章认为本场音乐会"为西方观众打开了中国音乐创作和表演的视听新世界""为中国音乐的海量当代音乐创作提供了启迪"。这八位作曲家都来自您在中央音乐学院新建立的创作中心，您为什么大力发展创作中心呢？

中央音乐学院演奏家在卡内基音乐厅演出大获成功

俞：是的。我之所以大力发展创作中心，是因为创作是我们最大的梦想。一个艺术大国对人类的贡献是用作品说话的。现在中央音乐学院保留了中国创作力最强的一批作曲家。当下，国家各省市乐团普遍性的问题是缺好的创作人才。西方音乐作品在我国不断上演，而国外主动演奏我们作品的情况还远远不够。那我们的创作该怎样发展呢？仅仅是通过委约的形式吗？可是"委约"会存在一些问题：领导组不太愿意使用新人，因为担心新作品有风险，所以只能找有名的、资历过硬的、能力强的作曲家。但好的那几位作曲家一般都有很多的创作任务，没法把全部的精力投入某一个新作品的委约中。所以现在我们中央院的创作中心又加入了50位作曲家，团队的力量逐步地增大。连续三年，"中央音乐学院作曲家新作品音乐会"在美国纽约林肯艺术中心、卡内基音乐厅首演，并成功地进行商业演出，而且票还很抢手。美国观众为来自中国中央音乐学院的创作能力和创作水准而感到惊讶和认可，这也是当代中国音乐创作面向世界的展示。我们需要更努力，要走到世界舞台的中央，积极地推动中国音乐艺术在国际上的影响力。

俞峰率团开启美国卡内基之行，奏响央音之声

吴：您在委约中国原创作品时，会有哪些具体要求？

俞：我只要求一个乐队编制，"怎么写"和"写什么"那都是作曲家的事。刚才提到的纽约卡内基音乐厅这场音乐会，我一共委约了16位作曲家，最后选出8位作曲家的作品，这样持续了两年。第一年以室内乐的形式为主，第二年以大乐队形式为主。当然我们在这场演出里也选择了一些保留下来的经典曲目，比如郭文景的笛子协奏曲《愁空山》等。

吴：这次去纽约卡内基音乐厅演出的乐团是您新建立的中央音乐学院交响乐团吗？

俞：是的，因为中央音乐学院在国内的地位是独一无二的，这里是中国音乐人才培养的最高学府，是音乐的大本营，全国最优秀的音乐人才聚集在这里，承担着音乐创作、表演、理论研究等专业领域。我一再思考：中央音乐学院需不需要有自己的交响乐团？从20世纪80年代开始，学院就想建立自己的乐团，当时叫"实验性的室内乐团"，后来改为"青年交响乐团"。这些年，学校也一直想建立自己的乐团，但时机都不太成熟。所以建立相对职业的乐团的想法不是因为一时头脑发热，而是我们一个长期的愿望。当年最早的中央乐团成员里有一大部分人是中央音乐学院"音乐工作团"的成员。这次新成立的交响乐团为我们的人才培养、创作、比赛和教学提供了更大的公共实践平台。过去,我们学校有那么多的硕士、博士生的创作无法通过乐团来现场演出。指挥系的学生培养也没有真正的乐团来观摩实践,他们的授课一直是使用双钢琴弹奏总谱来模拟乐队,等等。综合这些方面,建立学院乐团提高了国家音乐教育的艺术水准。

吴:如果音符在纸上不能变成声音,也没有意义。有了交响乐团,也就有了载体传播音乐。

俞:是的,正因为交响乐团办得很好,接着我又成立了合唱团,然后是民族室内乐团,逐步成立了现在的一个表演体系——"表演中心"。另外,我思考怎样让国内外的重大活动更好地实现,比如国庆70周年纪念,当时天安门广场的"千人乐团"演出,就有我们的交响乐团,录音也是我们的交响乐团和爱乐乐团的合唱团来共同完成的。

吴:有了自己的学院乐团和表演中心,您就可以大力推广中国的原创作品了。目前,您已经连续三年在纽约演出推广中国原创作品,请谈谈您这方面的想法。

俞:是的,我希望持续做下去。中国现在经济发展得很好,但文化的影响力显然还是不匹配的。当下中国已经走到了世界舞台,我希望我们的音乐作品在世界的舞台上也有发声权。为了这个目标，我们会持续地做下去。另外，由学校来委约作曲家们创作作品，使他们尽可能地少接一些社会上商业性强的活儿，这样有利于专心做学术性的创作。这三年连续在纽约演出中国原创作品，影响力很突出。而且2019年我们在卡内基音乐厅的演出完全按西方商业模式运作，票也全部售空。无论当下推出的作品是否能震惊世界，至少我们已经用最大的力量尽可能地去推动中国原创作品的发展。我认为这件事情是值得的，因为这样既推动了音乐创作，也培养了我们自己的作曲家，而且持续性地推广中国作品，也能让世界了解我们的音乐家当下是怎样的创作状态，关注什么样的艺术探索，处于怎样的创作水平。

2019年12月，中央音乐学院艺术节闪亮纽约时代广场

吴：您的这个项目计划已经开始看到了成效，下一步您有什么设想吗？

俞：我希望几年后能在纽约办中央音乐学院音乐节。我认为持续地做一件事情非常重要。

吴：十年前，您也是持续性地在中央歌剧院推出了一系列中国原创歌剧，如《霸王别姬》《北川兰辉》《热瓦普恋歌》《红帮裁缝》等，您能谈谈那时候的想法吗？

俞：我排了《北川兰辉》《霸王别姬》《热瓦普恋歌》《红帮裁缝》《我的母亲叫太行》等原创歌剧。第一，我认为创作是最重要的。一个歌剧院如果没有自己的作品，那是不行的，作品是根本。第二，制作歌剧需要有经费。当年作曲家王世光先生（中央歌剧院的老院长）写的《山林之梦》是童话题材，《霸王别姬》也是原来已有的作品。像《热瓦普恋歌》《辛亥风云》《红帮裁缝》《北川兰辉》《鄞地九歌》《我的母亲叫太行》就都是后来的原创作品了。当时，我建议以项目带动演出来发展原创歌剧。《辛亥风云》是为了纪念辛亥革命100周年而作的，这个主题得到了国家的支持，我们也得到了第一笔经费，于是我们同步地开始构想另外那几部歌剧。那段时间我兴致盎然地一连写了5部歌剧的剧本。

吴：您亲自写剧本是因为多年的爱好吗？

俞：其实我最初写剧本是有原因的。因为当时文化部要看到剧本并认可之后才能拿到创作经费，可是我们并没有把握先付出这第一笔经费，请专业编剧来写剧本是需要费用的，可万一通不过怎么办？最后，我们中央歌剧院的人事处处长胡绍祥同志迎头而上，因为他是学文学专业的，我俩一拍即合决定共同写这部《辛亥风云》的剧本。当初的想法是如果审核不通过也就算了，反正自己人不需要费用。没想到取得了开门红，我们的积极性迅速被调上来了，接连一口气又共同写了5部剧本。我当时兴趣高涨、越写越好，自己也觉得很开心。

吴：您这算是"跨界"了，不过在演出的第一线开展创作，既了解题材又了解演出人员和演出受众，容易碰撞出很多创作灵感。

俞：是的，后来我们又写了《北川兰辉》《我的母亲叫太行》，我每天都阅读大量的资料。《鄞地九歌》这部歌剧是我为宁波人民写的，当时是为了去北京参加文化部的艺术展演而创作的，后来获得了"公共文化示范区"的称号。这部歌剧具有一定的史诗性，它的结构很有创新性，共有九个章节，像一幅波澜壮阔的历史发展的画卷。每一个演员的独唱都有20分钟，一个小歌剧连着下一个小歌剧。从秦始皇开始，第三幕就到了武昌起义。这部剧之后，我和我的老搭档又编写了《红帮裁缝》的剧本，它最重要的意义是挖掘了宁波的地域文化。我就是宁波人，最早的中山装是我们宁波人做的。北京有个红都服装厂，以前大家都在那儿做演出服。最早的"红都"就是由"红帮裁缝"组成的，中华人民共和国成立初期专门为重要领导人、外交使节量身定制衣服。就这样，我和我的老搭档越写越熟了。

吴：写剧本的经历是否会影响您指挥音乐作品？

俞：自从写剧本以后，我对歌剧的理解完全不一样了。我要求学生先看剧本，再看总谱，这样指挥作品的感觉是完全不一样的。我会让年轻演员去演这些原创歌剧，因此也培养了一批年轻的演员。我还采取免费公共开放日向老百姓推广这批作品，让更多的老百姓能够有机会来欣赏我们的原创歌剧。

吴：在制作中国原创歌剧的同时，您也在制作排演瓦格纳的巨作——四幕乐剧《尼伯龙根的指环》(下称《指环》)。瓦格纳从1848年写下关于尼伯龙人神话的第一个构思，到全部演出《莱茵的黄金》《女武神》《齐格弗里德》《众神的黄昏》四部曲，剧目时长17个小时。能否成功演绎这部作品也是衡量世界一流歌剧院的整体实力的标杆。您用三年多的时间让中央歌剧院完成了这部作品的制作和巡演，开创了时代的新纪元。您是怎样在很有限的时间内实现这些的？

俞：是的，我几乎是在同一时期制作瓦格纳的乐剧《尼伯龙根的指环》。当时演瓦格纳的作品是因为我回顾了中央歌剧院的发展历史。从20世纪20年代建立歌剧院，50年代演《奥涅金》《茶花女》，80年代演《卡门》《图兰朵》。特别是80年代只有音乐会形式的歌剧上演，因为各方面的条件还不是太成熟。演瓦格纳的时候，歌剧院已经建立了较为完善的队伍，具备了一定的条件，我想此时若还不做出历史性的突破是不行的，所以我决定演瓦格纳。当时在2011年首先上演的是《汤豪塞》，也可以说是演《指环》之前的预热准备阶段，那次演出除了外请的男高音，其余的演员全是我们本院的。这个剧目先后获得了国家艺术院团优秀剧目展演"优秀演出奖"和首届"歌剧节优秀指挥奖"。

2012年，我开始真正进入《指环》的排演阶段。为什么我从《女武神》开始排，而不是从《指环》的第一部《莱茵的黄金》开始？其中原因之一是瓦格纳当年写这个作品也是倒着写的；其二是我已经找到了非常合适的女高音扮演者——歌唱家王威，导演和演员的阵容也完全是中央歌剧院的；其三是我从2011年就建立了舞美工厂，也新建了本单位的演出剧场，这样一来为制作歌剧节约了很大的成本。所以《女武神》的上演立刻在全国显示出了中央歌剧院的实力和国际影响力。2013年我们开始巡演《女武神》，在武汉的第二届歌剧节首演。2014年我接着排演《指环》之三《齐格弗里德》，在北京国家大剧院首演，完全由中央歌剧院独立制作。那一年这个剧目成为国家艺术院团演出季的重头戏。2015年我排《指环》之四《众神的黄昏》，最后演的是《莱茵的黄金》，基本上一年一部。

吴：2015年宁波交响乐团成立，您作为乐团的首席指挥，为乐团的发展奠定了基础。可否请您谈谈建立乐团的初衷？

俞：宁波为什么要建立交响乐团？因为它千百年来都是发达城市。从唐朝以来，就是对外很开放的城市。这个城市如果没有一个交响乐团，在文化发展上是有残缺的。2015年，他们找到我来做这件事情，我全力支持，我做了一份完整的规划，文化部的领导也给予了支持，现在这个乐团一直照着这个规划在发展。2020年，乐团会正式采取编制和聘任制相结合的方式，编制内只有30%的人员，其余70%都选择优胜劣汰。乐队队员每天都要考试，奖励愿意付出的人。

吴：建立宁波交响乐团的目标是什么？

俞：第一，做一流的交响乐团，为城市做文化贡献，积极探索培养城市音乐人口，开展市民免费开放日，举办了"走

俞峰指挥中央歌剧院演出《女武神》

进交响的世界""宁波交响，秋帆导读"等一系列讲座，使宁波交响乐团作为这个城市的一张文化名片。第二，打造本土作品，例如民族歌剧《呦呦鹿鸣》，2017年获中宣部全国"五个一工程"奖，并赴宜宾、成都、重庆、沈阳等多个城市演出。第三，为美育、音乐教育做贡献，举办了"千年立德、树人美育、启智暑期大师公开课"，中小学音乐课堂，高雅艺术进校园等多种形式的音乐普及教育工作。第四，举办国际交流活动。

吴：2019年您在延安举办了"中央音乐学院·延安'5·23'音乐节"和"中央音乐学院·延安'10·15'艺术节"，并引起了很大的反响。

俞：新中国的文艺从延安走来。延安时期，培养和造就了一大批德艺双馨的革命文艺家。在延安举办音乐节的想法也是与时代息息相关的。音乐节是一座桥梁，我们期待每年在延安举办这两个音乐节。2019年上半年在延安艺术节上演出了28场音乐会，反响热烈，所以我们在下半年的"10·15"艺术节，又演出了21场。延安也是新中国歌剧的诞生地，民族歌剧《白毛女》是1945年由延安鲁艺集体创作和演出的。这次艺术节的开幕演出是我院的唐建平教授创作的歌剧《周恩来》，我们选择这部歌剧在延安世界首演有着特殊的意义。歌

"中央音乐学院·延安'5·23'音乐节"演出现场

剧里有"湘江之战""遵义会议""万隆会议"等段落，塑造了一位一心为人民、坚持独立自主的大国总理形象。

吴：这几年，您先后参与中央音乐学院"国家艺术基金中国青年指挥人才培养项目""中央音乐学院国际指挥大师班"，为来自维也纳音乐与表演大学的三位青年指挥公开授课，这正是我们的指挥教学法在国际舞台上获得尊重并展现风采的生动见证。请您谈谈这套"现代指挥法"好吗？

俞：这是从20世纪90年代开始，逐步形成的一套专业体系。大家现在注意的可能只是在操作层面的指挥法，但实际上它包括四个部分：第一，听觉系统，检测系统，因为只有发现问题才能解决问题。这不仅仅是指向视唱练耳的系统，更是建立高标准的音乐听觉系统，是和作曲理论体系紧密相连的。古典音乐作曲家们创作了那么多不朽的作品，学习这个领域要站在巨人的肩膀上。第二，学习指挥必须知道作品是怎么写出来的，你要知道作品的内在联系。第三，学会如何驾驭歌剧和交响乐。第四，培养指挥的人格塑造、毅力等一些综合性的素质。

吴：不久前，您在中央音乐学院创建了人工智能与音乐信息科技系，融合了音乐与人工智能领域，由全国顶尖人工智能

中央音乐学院"国家艺术基金中国青年指挥人才培养项目"教学现场

中央音乐学院国际指挥大师班顺利落幕

专家组成的团队。这又是一项创新举措,请谈谈您的想法?

俞:在很多领域,人工智能都将会是发展的一个趋势。科学是探索世界、改造世界,艺术是感知、体会世界,二者其实是密不可分的。随着智能时代的到来,人工智能给我们提供了新的巨大舞台,也提供了全新的"乐器"。我们应当与世界科技、人类社会进步发展同步,实现音乐现代化。对于全国来说,我们第一个在音乐学院成立了人工智能与音乐信息科技系,并于2019年成立了"音乐人工智能与音乐信息科技学科",与一批全国顶尖人工智能专家合作。经过这几年的努力和筹备,作为艺术与科学的交叉学科,这一学科已成功入选北京高校高精尖学科建设名单,标志着中央音乐学院在音乐人工智能领域的全国领先地位。我们希望运用交叉学科优势激发创作出具有智能技术、时代气息和广泛社会应用价值的新音乐。

吴:音乐家们追求独特的个性和自我音乐语汇的艺术表达,您觉得人工智能真的能取代这些吗?

俞:我从几个方面来谈:我院现在人工智能的学科有三个方向。当下我们的专业学生80%都在解决技术方面的问题。人工智能可以帮我们缩短这方面的时间,进而体现纯艺术方面的价值,它们并不矛盾,很多方面都能通过人工智能来实现。第一,作曲系统。比如现在社会上很缺儿歌,人工智能可以轻松地写出一万首，包括人声都能制作得自然逼真。第二，伴奏系统。我们已经开了两场协奏曲音乐会，无论独奏员怎么即兴发挥、表现音乐，乐队都能与之配合。比如勃拉姆斯的小提琴协奏曲，乐队会很快地识别和理解音乐的风格。通俗一点说，卡拉OK是人跟随机器，人工智能是机器跟随人，你慢它也慢，你快它也快。第三，教学系统。比如说老师教你做一道和声题，最多给你展示两种方案，可是运用人工智能系统可以完成100种方案，它能告诉你关于这道和声题，贝多芬是怎么做的，勃拉姆斯是怎么做的，舒曼又是怎么做的，并且还可以举例来展示这组和声在各类作品中如何被丰富地运用。

但我认为智能时代的到来不太会冲击艺术创作领域。因为目前智能还是由人来设置和创造，艺术创作更多的是来自人的心灵。所以人工智能参与艺术创作可能会淘汰一些艺术作品，但会让真正高质量的艺术更具价值。我们要与科技同行同向，面向世界、面向现代化、面向未来，探索中国当代音乐艺术的发展。

吴：让我们一起期待它未来的发展。您一直在思辨创新，勇攀高峰！

俞：我的使命感强，停不下来，有一句话是"历史造就了英雄"，但我相信人的力量能改变历史。

◇ 延伸阅读

中央音乐学院交响乐团首次登上了纽约卡内基音乐厅的艾萨克·斯特恩大厅。以下是八位作曲家的感言（按照当晚作品演出顺序，参考《中央音乐学院学报》2019年第4期）。

贾国平：《聆籁》是2018年苏州交响乐团委约创作的，并于当年11月在苏州首演。此次俞峰院长携中央音乐学院交响乐团在美国纽约卡内基音乐厅的国外首演非常成功，作为整场音乐会的第一首作品呈现，指挥与乐团的精湛细腻的演绎，让观众顿时沉浸在一个充满中国神韵的自然声景之中（《纽约乐评》有所描述）。音乐会后我得到普通观众、作曲同行、乐团演奏家等很多人的反馈，他们都表示这首作品令人感动，从作品中获得了富于变化、丰富多样的音响体验。该作品通过交响乐队的声响来刻画四季流转中变幻不断的园林景观，作品以听泉、听雨、听风与听雪四个部分来展现江南园林一年四季自然声景所构成的诗情画意。长短不一的音乐片段通过多种声境意象，借此表达了融自然与人文为一体的意境之美，中国文化特有的江南园林是中国文人实践其人生态度与审美理想的自然天地、心灵天地，也是中国哲学精神气质与人文情怀的典型表达。

秦文琛：此次演出我选择了笙协奏曲《云川》，这首作品是2017波兰"华沙之秋"的委约作品。笙是一件非常古老的乐器，有几千年的历史，由于它本身的局限性，对作曲家限制很大，所以很少有人为这件乐器创作协奏曲。但在这部作品中我对笙做了重新定义，从乐器本身和西方管弦乐队的结合以及笙的演奏技法上有很多拓展，这也是我比较重要的一部协奏曲。我知道，在走之前从独奏到乐队都进行了充分的排练，很遗憾的是，这一次因为工作我未亲临现场见证这个了不起的时刻，但从各方面的反馈和反响来看，取得了很好的演出效果，可以说把笙这件乐器的表现力发挥到了极致。这一次是中央音乐学院第三次到纽约去展示中国音乐家的作品，也是规模最大的一次，这次演出是非常有意义的。因为艺术的创作是整个艺术链条的最开端，这个开端将决定着后面的发展，所以中央音乐学院一直以来非常重视创作。而交响乐又代表着音乐的最高成就，也代表一个国家的音乐最高水准，所以中央音乐学院每年都到纽约这个国际重要窗口去展示我们当代音乐的创作，我觉得这是特别有价值的一件事情。

郝维亚：第一，这是中国音乐全面走向世界舞台核心的一场音乐会。音乐自身是一个宇宙，在这个宇宙中，表演和创作是一体化的，没有一个好的表演团队或者没有好的作品，都是不行的，所以这次在卡内基音乐厅的演出是中央音乐学院的一次全面展示。第二，这些作品集中体现了"你中有我、我中有你"的文化自信和相互的沟通与和谐。每一位中国作曲家都很有文化自觉和文化思考，我们在文化自信和作品的中西结合上有创造性地达成了高度的一致。第三，人类文化之间需要互相地交流与沟通，互相要听到彼此的声音，这也是我们此次交流的目的：讲好中国故事，描述和阐释中国人的情感世界。在此，感谢我们每位艺术家，感谢俞峰院长，感谢中央音乐学院！

叶小纲：中央音乐学院交响乐团在院长俞峰教授的指挥下，成功地在美国纽约卡内基音乐厅进行了历史性的访问演出，演出作品全是中央音乐学院作曲系教师近年来的作品。从现场演出效果及音乐会后美方评论来看，这次演出取得了非常优异的成绩，是中央音乐学院近年来创作、表演、教学以及国际人文交流的重大成果。年轻的中央音乐学院交响乐团表现惊艳，木管、铜管、打击乐与弦乐队音色纯正，显示了该乐团良好的古典音乐基础。在表现中国作品时，乐队各个声部均衡，独奏声部出彩，表现力丰富。交响乐团在俞峰院长的指挥下将不同作品的风格表现得异常准确与淋漓尽致，显示了该乐团的辉煌前景，相信他们也必将在国际舞台上绽放更多的光彩。中央音乐学院的几位独奏家给卡内基音乐厅留下了不可磨灭的印象，他们超规格的演奏水准相比国际演奏大师毫不逊色。指挥家俞峰倾情于中国当代音乐创作，他细致而独特地讲述了令美国观众印象深刻的中国故事。中央音乐学院作曲家的作品在世界各地均有展现，显示出当代中国音乐界对世界音乐文化的伟大创造与贡献，体现了高度的文化包容、与全球等量的文明共识，以及独具中国特色的当代社会主义音乐新文化。音乐是人类感情沟通的媒介，通过音乐桥梁，可以让世界放弃狭隘，拥抱并奉献彼此的友爱，共同创造属于我们这个时代的交响乐文化新辉煌，实现世界的美好与和平。

唐建平：音乐会非常成功，深深地感动和鼓舞我！能够在这个时刻，在这个地点参加这样高水平的交响音乐会，通过我们创作的交响音乐作品展示我们当代中国艺术的风采，表达我们对艺术的虔诚和对音乐的倾情奉献，这是我莫大的荣幸！我对这台音乐会的完美呈现感到满意。曲目的选配，乐团的演奏效果，独奏家炫彩发挥，特别是音乐会的指挥俞峰院长对于音乐会所有作品的演绎都非常精彩！感谢所有为音乐会贡献出爱和努力的人，为我们的音乐会而喝彩！更为我们中央音乐学院感到骄傲！

陈丹布：琵琶协奏曲《袖剑与铜甲金戈》这部作品以中国战国末期"荆轲刺秦"的历史故事为背景，描写"易水河送别"的悲壮场景以及中国古代传诵至今的"士"精神。演出现场，琵琶与西洋乐队的混合音色别具特点，琵琶演奏的技巧性和全面的表现功能得到了很好的发挥。有观众评价这部作品为当代版的《十面埋伏》，是 21 世纪当代人对中国古代文化历史的一次重新诠释。整场音乐会曲目安排非常好，音乐会结构完美，"武曲"与"文曲"、快板与慢板、哲理性写意与直抒写实搭配非常合理。特别是这种鲜明的中国民族乐器独奏与西洋乐队混合的协奏曲形式，对外国观众来讲，既新颖又可接受，取得了很好的沟通效果。

常平：管弦乐《黑光》是一部演奏难度很大的作品，整个作品是由各种不同的声音搭建起来的，声部间的传递关系非常复杂，初次看到俞峰院长的工作总谱让我大吃一惊，总谱上密密麻麻画满了各种颜色的记号，各声部间的关系已无需多说，全部被清楚地标记出来。演出不出意外地准确和精彩，这是目前我认为这部作品最好的演出版本。

郭文景：中美两国之间的文化艺术交流源远流长。从费城交响乐团首次来华演出到改革开放之初小泽征尔率波士顿交响乐团在北京演出，我相信，艺术能够加强中美两国人民之间的友谊。中央音乐学院交响乐团来到卡内基音乐厅演出《愁空山》，我最深的感受是三个词：一是"年轻"。《愁空山》这部作品曾在亚洲、欧洲、北美洲演过多次，包括在纽约的林肯中心和卡内基音乐厅也曾上演。但这次和其他演出有一个最大的不同，便是演出人员——无论是交响乐团的成员，还是担任独奏的演奏家，都是历来这部作品的诠释者中最年轻的。二是"优秀"。音乐会结束后，现场的美国观众都惊叹中央音乐学院交响乐团的水准之高，正是因为他们的演绎，使得观众们都非常喜欢这部作品。在这点上，我要特别向指挥和乐手们表示感激，对他们来说，这8首作品全是新作品，从排练到最后演出效果来看,是很不容易的。三是"希望"。此次演出,这部作品受到了美国当地听众的喜爱,我看到了中国当代音乐的希望!

张艺：不设限的艺术人生

被采访人：张艺
采访人：吴林励
时　间：2022年1月5日
地　点：中央芭蕾舞团办公室

张艺，中央芭蕾舞团音乐总监、上海爱乐乐团艺术总监、浙江交响乐团艺术总监，享受国务院政府特殊津贴专家，中宣部"四个一批"人才。张艺自5岁开始学习小提琴，1990年被保送至中央音乐学院指挥系，师从著名指挥家徐新教授和冀瑞铠教授。2000—2003年，他在德国萨尔布吕肯音乐学院攻读硕士学位，受到享有德国指挥界"活化石"之称的指挥家马克思·博默教授悉心教导。

作为当前中国颇具影响力的指挥家之一，张艺曾与众多国内外著名乐团合作音乐会、歌剧和芭蕾舞剧演出，如中国交响乐团、中国爱乐乐团、上海交响乐团、上海爱乐乐团、澳门乐团、台北市交响乐团、英国伦敦爱乐乐团、德国广播爱乐乐团、德国符腾堡室内乐团、马来西亚爱乐乐团、东京爱乐乐团、澳大利亚维多利亚交响乐团、古巴交响乐团、瑞典皇家歌剧院等。他携手合作的著名中外艺术家有莱昂尼达斯·卡瓦科斯、伊曼纽尔·帕胡德、文策尔·富克斯、雷诺德·卡皮桑、提鲍德、郑明和、张永宙、郎朗等。马来西亚当地新闻媒体给予高度评价："张艺是灿烂的、不可思议的、极具魅力的年轻指挥家。"

张艺曾指挥演出许多中外作品的中国首演，如斯特拉文斯基《一个士兵的故事》、叶小纲《马九匹》、陈其钢《大红灯笼高高挂》、莫扎特《c小调弥撒》和罗西尼《圣母悼歌》等。

此外，他还录制了不少中外作品的唱片，如德国 Wergo 唱片公司出版的叶小纲交响乐作品、与英国伦敦爱乐乐团及大提琴演奏家秦立巍为迪卡唱片公司录制作品专辑。2012 年 5 月，张艺因指挥大量中西方当代音乐荣获北京现代音乐节杰出贡献奖。

在国家重大活动中也能看到张艺的身影，如 2007 年香港回归十周年庆典演出和 2008 年北京奥运会开幕式。其中，张艺指挥并录制了北京奥运会开幕式的大部分音乐，包括主题歌《我和你》。2015 年 11 月，张艺带领中央芭蕾舞团交响乐团赴瑞士日内瓦万国宫举办了"联合国五常联合音乐会"，庆祝中瑞建交 65 周年、联合国成立 70 周年和世界反法西斯战争胜利 70 周年。2017 年 3 月，他带领中国国家大剧院管弦乐团赴阿联酋参加阿布扎比艺术节并获圆满成功。

吴林励（以下简称"吴"）：张总监，您好！您怎样理解中国当代原创交响乐的标准？

张艺（以下简称"张"）：首先，创作要突出自身的文化特征，中国的交响乐团可以将西方经典作品演绎到精良并达到非常高的标准，但那毕竟不是我们创作的作品，只是根据西方作品的写作手法演绎符合他们审美标准的作品，这也很难在浩瀚无边的西方作品中掀起浪花，我们应该用学到的创作交响乐的技法来写我们中国自己的作品。

其次,我认为创作是多样性的,要反映出艺术从人民生活的土壤中所汲取的营养也是多样化的,这样才有利于它更健康地生长。德国的作曲家不是只有贝多芬,还有勃拉姆斯、瓦格纳、马勒等,多样性才符合艺术的本质。就像全世界的语言也不是只存在一种,作曲家如果只求共性发展,那文化传统也很难与时俱进、更好地发展下去了。

吴:北京现代音乐节是中国第一个现代音乐节,举办了近20年,您曾参与了音乐节的组建工作,并从开始就担任指挥,演奏了大量的东西方现代音乐作品,也因此获得了最高荣誉奖。能否请您谈谈这个音乐节的由来?

张:1995年,我大学毕业留在中央音乐学院任教,正好赶上叶小纲从美国留学回来。当时,叶小纲是中国当代音乐的领军人物之一。我还在念大学的时候,就知道他是中央音乐学院的"四大才子"之一,当时他想致力于现代音乐的创作和演奏,于是率先组建了中央音乐学院新音乐团——国内第一个专门演奏现代音乐的乐团。这也是"现代音乐节"的前身,那时候中国基本上还没有音乐人专门去演奏现代音乐。因为他刚回国,还不太熟悉当时的演奏家,于是找到我来帮他组织团员,我组织了十几个人,应该都是些"高手"吧。其中有中央音乐学院的尖子学生,还有留校的年轻老师,那时乐团叫"中央音乐学院新音乐团"，以演奏室内乐作品为主。尽管当时的条件艰苦，叶小纲还需要亲自去拉赞助，我们仍然开了一系列的音乐会，还录制了唱片，请了不少外国专家、指挥家和演奏家来排练。这在当时引起了很大的轰动和反响！我记得当时还请过京剧大师李丽芳来演唱京剧与乐队版的《海港》，这也使我对京剧萌发了很大的兴趣，为后来我们委约创作的一系列乐队与戏曲结合的交响乐作品埋下了伏笔。我现在回想起来，觉得自己当时很幸运能做这些事情，也积累了大量的实践经验。

吴：您与音乐总监、著名作曲家叶小纲先生的合作已有多年，并指挥首演了他的多部作品。其中《大地之歌》已在欧美上演，深受西方艺术界和观众的认同和喜爱。请您谈谈对这部作品的理解。

张：《大地之歌》是叶小纲2005年创作的作品。这部作品既致敬西方著名作曲家马勒，也是作曲家以新的视角重新阐释中华文化的精髓。最初它的版本只有四个乐章，后来发展到六个乐章。2005年10月我首演了这部长达40分钟的作品，这也是《大地之歌》第一次完整地呈现。那次音乐会还包括了叶小纲另外两部作品：舞剧《深圳故事》，这是一部表现改革开放新时期的人民新面貌的舞剧；大提琴与乐队《我遥远的南京》。

吴：叶小纲先生曾介绍这部管弦乐套曲《大地之歌》的唱词选用唐朝诗人李白的《悲歌行》《宴陶家亭子》、孟浩然的《宿业师山房待丁大不至》、王维的《送别》以及钱起的《效古秋夜长》这五首中国的古典诗词。他曾谈到对这部作品的创作感想："早在1908年，欧洲著名作曲家古斯塔夫·马勒就曾创作了《大地之歌》，作品采用了七首中国唐诗的德文版为歌词，在西方音乐史上绝无仅有。限于当时的中文翻译水平，马勒作品中很多诗句的文字和意境较之原诗相差甚远。尽管其中部分音乐体现了中国音乐的特色，但显然作品传递出的'中国之声'并不是原汁原味的'中国味道'。重新匡正之后，原本充满幻灭感的音乐基调，被重新演绎为一位中年男子对世界的勃勃雄心，这才是诗歌传递出的原始情绪。我的目标不是要取代

中央音乐学院新音乐团部分成员

中央音乐学院新音乐团"中国瑞士作品音乐会"海报

张艺在指挥乐队排练

马勒那部伟大的作品,而是要以一种更加细腻、更加尊重原著的方式对这些标志性的中国诗歌经典进行新的诠释……"

是否"现代音乐节"也伴随着您在艺术之路上不断汲取营养和成长呢?

张:是的,现代音乐节确实对我的艺术成长有很大的益处,通过这个平台,我认识了许多作曲家,那时我对当代音乐也抱有极大的热情。当初会有一些人抵触演这些现代作品,因为有些作品与传统的音乐审美有着很大的不同,即使是现在,也还会面临这样的问题。我从大学读书时,就对中国当代音乐创作有种特殊的喜爱。而且一有机会就与作曲家沟通，更加深入地理解他们的创作理念，并在排练中重视效率，思考怎样将指挥的理解贯彻到作曲家的音乐中去，所以越来越多的作曲家来找我演出他们的作品。如1996年我演出了陈其钢的作品——双簧管与乐队《道情》，也是这一次效果很好，2001年他推荐我指挥他的舞剧《大红灯笼高高挂》。

吴：您在中央芭蕾舞团工作了多年，有人评价您是最懂芭蕾舞的中国指挥之一，能否谈谈您指挥首演的这部中国原创舞剧《大红灯笼高高挂》？

张：我在"中芭"工作整20年了。2001年，由张艺谋导演、旅法作曲家陈其钢作曲的《大红灯笼高高挂》在天桥剧场世界首演。当时由陈其钢推荐，时任芭蕾舞团的赵汝蘅团长邀请我来做这部舞剧的指挥。

《大红灯笼高高挂》是陈其钢创作的第一部芭蕾舞剧。其中他运用了京剧的曲牌，巧妙地把京剧元素与交响乐相结合，京剧的元素贯穿了整部作品，比如在婚礼的场面上、打麻将的场景和双人物的段落，等等。这在他以前的作品中是不多见的，甚至可以说，这对他之后的创作都有一定的影响。如2002年他又创作了一部大型的管弦乐作品《蝶恋花》，其中"旦角"起了很重要的作用。

《大红灯笼高高挂》演完后在文化界引起了很大的反响。当时赵汝蘅老师邀请我从德国留学毕业后担任芭蕾舞团的音乐总监和首席指挥,从2002年起,我正式在中央芭蕾舞团工作。迄今,这部舞剧已在英国、法国、美国、日本等多国世界巡演,也参加了一系列的国际艺术节演出,反应很好。

《大红灯笼高高挂》既是作曲家陈其钢第一次与"中芭"合作,也是导演张艺谋第一次导演芭蕾舞剧。也许因为这次我们同心协力、合作默契,一个缘起成就了在2008年奥运会开幕式的音乐录制中,我们再度携手合作。现在回想,有些经历过的事情看似是一个巧合,实际上也有些内在的逻辑性。

吴:国家大剧院从2011年举办的"青年作曲家计划"系列比赛这一项目也是由陈其钢先生发起,前四次决赛都是由您来执棒,请您谈谈对这项活动的看法。

张:是的,"青年作曲家计划"这个项目是由陈其钢发起,国家大剧院来承办的。当年陈其钢认为许多年轻作曲家的作品很难有机会在舞台上呈现,想运用这样的方式发掘更多有才华的年轻作曲家。这项比赛进入前十二名的作品由国家一流乐团在舞台上呈现,进入前六名的作品现场进行评比,主要由国家大剧院管弦乐团在国家大剧院的舞台上演出。前三名获奖者不但有奖金,还会继续被委约下一部作品,甚至他们的获奖作品还会在国外演出。

这个项目已持续了六届,在这个平台上产生了一批才华横溢的青年作曲家,如杜薇、商沛雷等,她们都是从这个计划中脱颖而出的。中国交响乐的未来在于年轻作曲家的崛起!"中芭"委约的《交响京津冀》,其中第一部分《寓言三则》里的三首"愚公移山""女娲补天""神笔马良"是由商沛雷来创作的,她是第三届比赛中的第一名获奖者,写得非常精彩!为更好地传承和发展中国当代音乐,我们也愿意尽一份自己的力。

吴:"中芭"的另一部原创舞剧《牡丹亭》曾在英国的"爱丁堡"等著名艺术节上演,能否请您再谈谈这部作品?

张: 2012年,《牡丹亭》参加了"爱丁堡"艺术节的演出,中英两国文化艺术界都很重视这次活动。这部舞剧用西方芭蕾形式讲述了一个中国古老的故事,导演是李六乙,由郭文景作曲。对"中芭"的舞剧发展来说,这无疑又是一次新的尝试,把昆曲的元素运用到芭蕾的演绎之中。《大红灯笼高高挂》和《牡丹亭》这两部舞剧,一部偏写实、一部偏写意,"中芭"在创作上也都做了很有意思的尝试和努力。近些年,"中芭"还陆续创作了《鹤魂》《敦煌》《花一样开放》、交响芭蕾《世纪》等一系列作品。中国的芭蕾在创新,芭蕾

在《交响京津冀》中,著名京剧表演艺术家于魁智扮演"焦裕禄"

在《交响京津冀》中,著名京剧表演艺术家李胜素演唱《余留芬·入户访贫》的唱段

舞的音乐也在创新。

近年来,我还指挥了叶小纲、郭文景、张千一、于京君等作曲家的专场音乐会。郭文景新创作的交响曲《藏》给我留下了深刻的印象。这部作品分三个乐章,郭文景把六字箴言称为"六音祷言"的主题,第一乐章《牧歌舞蹈与喇嘛们的唢呐》,运用帕萨卡利亚的形式,做了19个变奏,描绘了雪山、冰峰等景色,同时也勾勒出当地藏民的牧歌、喇嘛们的唢呐、舞蹈、佛光、金刚等藏域特色的图景。第二乐章《神鸟》写得最为精彩!秃鹫是藏民心目中的神鸟,作曲家深度挖掘乐器中细腻的音色来表现秃鹫的动态,真是淋漓尽致!第三乐章是《诵经与鼓号》。我个人认为《藏》是他近些年来最棒的作品之一。

我和作曲家张千一也合作了很多年,首演过他创作的舞剧《大梦敦煌》《马可·波罗》等。2007年我指挥兰州歌剧舞剧院乐团去欧洲巡演《大梦敦煌》,巴黎的观众非常喜欢这部舞剧。迄今为止,这部作品已上演了1500多场。

吴:现在您除了担任中央芭蕾舞团交响乐团的音乐总监,同时还担任了上海爱乐乐团、浙江交响乐团的艺术总监。每年三个乐团不仅各自曲目几乎不重复,相互之间的曲目也不重复。请您谈谈对三团建设各自不同的发展理念。

张：提到三团定位，我认为每个乐团要走出各自的特色。中央芭蕾舞团交响乐团的特点是乐团具有舞蹈性和它特有的音色，当然乐团主要完成的工作为芭蕾舞剧伴奏。但是芭蕾舞的剧目毕竟是少数，乐团还应注重提升整体的专业演奏水平，增加独立的交响乐作品，演出保证艺术质量，使之更全面地发展。而且，如果乐团成员长期只在乐池里演奏，演出状态会因为相对被动而容易懈怠。现在不断有才华横溢的年轻人融入乐团，他们除了想演奏芭蕾舞音乐之外，也渴望在舞台上呈现自己的音乐理想。从某种程度上来说，训练和提高乐团的演奏水平需要依托于高质量的演出。2008年国家大剧院成立，这为我们提供了一个很好的演出平台，这无疑也是给整个北京的音乐文化舞台和交响乐的市场带来了巨大的变化，使大量以前不看音乐会的观众走到了音乐厅买票来听音乐会。我们恰恰抓住了这个机遇！从2008年到现在，我们每年在国家大剧院演出音乐会十几场，而且演奏的曲目几乎没有重复过。

现在，我们也开始委约中国原创交响乐作品，先后推出大型原创交响乐作品《交响京津冀》《美丽山河》等。今年我们还将继续推出新作品，希望能为中国交响乐的创作做出努力。

再说到上海爱乐乐团，它是一个职业性的交响乐团，且身处开放的国际化大都市，演出曲目则需要更多样化。乐团重视对演出曲目的挖掘，除了上演经典曲目之外，也拓展和排演了一些著名作曲家的非著名作品，以及一些非著名作曲家的著名作品。我们几乎每年都会完成四五部外国作品的中国首演。例如利亚普诺夫的《降 b 小调第二交响曲》，这位作曲家的作品相对冷门，但他的创作既继承了俄罗斯民族乐派的传统，同时也吸收了柴可夫斯基、李斯特、瓦格纳等作曲家的风格特征。

浙江省是戏曲大省，浙江交响乐团委约创作注重吸收本土音乐元素，立足于本土音乐文化的传承与发展。

吴：2017 年，您与浙江交响乐团举行了于京君的专场交响音乐会，其中的原创交响乐《社戏》也深受好评。

张：是的，音乐会下半场演奏的是于京君近期创作的交响乐《社戏》。它的创作灵感源自鲁迅先生的同名小说，这是一部以交响音乐为载体而创作的中国原创交响乐作品。这部作品以浙江戏曲音乐为主线，例如以绍剧、越剧、婺剧中选出的特性元素，用交响乐的写法来创作，整部乐曲刚柔并济，还充满着浓郁的地域风情。

我是 2012 年在澳大利亚演出时偶然结识了作曲家于京君，很快惊喜于他独具个性的创作。他从小拉京胡，有着深厚的中国传统文化功底。于京君定居在澳大利亚，他的西方作曲技术和才华实属一流。

吴：《社戏》这部作品没有用一件中国传统乐器，它的音乐确是中国人的"味道"。于京君在创作中是怎样做到这一点的？他有一段创作感言：

"给管弦乐团写'戏'的曲子，就得让管弦乐都'唱'起来……给管弦乐写'戏'，首先得让管弦乐'唱'起来。如果把主题切割成很多小段落，然后怎么变化变形，倒是很交响化，但是中国戏曲那个唱段、那个句子长度是很参差不齐的，其实非常具有音乐性，破坏了这个就破坏了音乐性。我发现很多现代音乐，那个气太短！气息不够长，气散不出来，这也是很多观众觉得现代音乐不好听的原因……"

由于长期在国外生活，各种乐器的限制使得于京君只能为西方管弦乐写作，"没有用戏曲里常用的小锣，我就用木管乐器去模仿那种声音，因为这个曲子要是在墨尔本演奏的话，即使找到锣也不是那个调的，那干脆不要。我就用竖琴拨弦，用双簧管、单簧管以及长笛来模仿发音。出来的声音有点像也不完全像，很有意思……乐曲的最后是各种戏曲因素，像唱对台戏一样结合在一起，各种节奏全来了，绍剧的《孙悟空三打白骨精》那种过门儿也来了，越剧的《天上掉下个林妹妹》也来了，婺剧的部分也进来了，各种戏曲因素都结合到一起。反

《社戏》演出现场

正我是比较喜欢最后那个地方。如果你前面听烦的话,最后四五分钟是最精彩的部分"。

最后,请您谈谈对青年指挥家们的建议吧。

张:从指挥的角度来说,我给年轻的指挥们一点儿建议:当你刚走出校门的时候,你也许没有更多的机会去指挥贝多芬、柴可夫斯基、瓦格纳等观众熟悉的作曲家的作品。所以要思考:我要为观众演什么作品?年轻的时候找到适合自己走的一条路很重要。当然还要把自己的功夫吃透,这样一旦机会来的时候,自己能随时登台演出。

◇ 延伸阅读

改革开放后,一批有强烈探索精神与创新意识的青年作曲家成为音乐创作的主力军。今天他们依然坚持着自己的艺术理念和艺术人格,在音乐的道路上执着探索、勇往直前……

叶小纲是当代极富才华而且多产的作曲家。对于"人与自然相和谐"的艺术观念,他有着与其他作曲家不同的理解,他的作品多表现个人、心境对自然的观照。他重视内心小宇宙,多倾向于描绘内心的细微感觉变化。他的作品常常表现一种知识分子升华的情感,超越时空的浪漫主义情怀。内心的感受力量似乎也成为他创作之路的重要来源。他认为:"与自然的协调,也可以是你心境的一种反映,我追求自我完善,一个人的心灵打开也是一个宇宙,一个宏观世界无法用量来衡量的。"1982年,叶小纲创作的大提琴与钢琴曲《中国之诗》获齐尔品作曲比赛一等奖,一鸣惊人,随后又创作出《第一小提琴协奏曲》《老人的故事》等作品。1984年,叶小纲创作了《西江月》,并作为中国青年作曲家的代表出席在欧洲举行的亚太地区艺术节及作曲家大会,受到与会代表的高度评价,从此对中国现代作曲家的创作刮目相看。

也许叶小纲这样独有的特质和他的家庭有关系,他的父亲叶纯之是新中国早期音乐拓荒者之一,是我国著名的音乐理论家、作曲家、音乐教育家,母亲是声乐家。叶纯之先生还掌握四门外语,在业余时间翻译了大量外国音乐文献,在当时的音乐界引起很大反响。叶小纲从小受父母熏陶,4岁随父学钢琴,音乐早已成为他密不可分的精神伴侣。

中学毕业后,他被下放到农场劳动,后来又在工厂里做了六年钳工,还依然保持着每天练琴的习惯。可以理解为正因为有音乐的陪伴,那份超脱自我意识的理想世界成为他现实生活的支撑,陪伴他度过那段艰难的岁月。

1985年,他创作了第二交响乐《地平线》(为女高音、男中音与交响乐队而作),同班同学、作曲家、作家刘索拉作词:"一双大鹏飞来,天上彩云白。大漠盖,天地开,太阳一团走下来。"这部作品后来入选"20世纪华人音乐经典"。《地平线》除了以往清新的知识分子升华的气质,更增添了宏大、洒脱的气势。正如叶小纲说:"我喜欢表现一种进程,人在社会环境中的心理反应,也享受我追求超脱追求自我意识的完美自信及自身的完美,我喜欢在纷乱的层次中追求心灵的自我完善和崇高……"他的父亲叶纯之说:"我认为《地平线》是你真正开始成熟的标志,好像一下子长大了。压抑的心情在这首作品中消失了,代之而起的是宏观的构思、豪迈的气势与哲理的思考,充满了激情和乐观主义,具有壮美和雄伟的气势。"1992年,他创作了《最后的乐园》(为小提琴与乐队而作)。这一时期他做出了创作生涯中的重要选择。

1994年,在美国留学7年的叶小纲带着美国"李氏基金会"颁发的"学术杰出成就奖"毅然选择回到中央音乐学院工作。对于归来,叶小纲在他的文章《最后的乐园》里曾这样描述:"大约把放弃作为前提,才能完成自身的超越。无论出去还是回来,都是为赶散心头哀音,寻找一片乐园。""我内心深处,是想轰轰烈烈地做事。我的根在中国,希望为中国的音乐发展做点事情。"

一切从心而发,经历了国外学习生活的孤独、彷徨和思索,叶小纲的创作开始了新的旅程,回国20多年后迎来了他创作生涯的高峰期。思索人性的力量,使用西方现代音乐技术的同时保持中国的音乐特色、讲好中国故事成为他创作生涯重要的发展道路。他在作曲技法和审美趣味方面也有了变化的轨迹,这也从一个侧面代表了中国现代音乐创作的发展走向。这一时期,他的作品有《大地之歌》《临安七部》、第五交响乐《鲁迅》、第七交响乐《英雄》《楚》《广东音乐组曲》《林泉》《喜马拉雅之光》《羊卓雍错》、声乐交响乐《少陵草堂》、交响音画《美丽乡村》,以及为中提琴与乐队而作的《井冈回忆》、最新创作的《重庆组曲》、歌剧《咏别》和《永乐》、舞剧音乐《澳门新娘》等。这些年,叶小纲还行走全国多地,四处采风,创作出一系列描写祖国大好景色和深厚的人文情怀的作品。例如《峨眉》是由四川爱乐乐团及北京交响乐团共同委约的为小提琴及打击乐而作的二重协奏曲;描写南方沁人肺腑的芬芳和大自然的光影系列作品

《青芒果香》《迷竹》《蔓罗》《芙蓉》《狂喜罂粟》《栀子花》;《西藏之光》描述了作曲家内心对西藏神圣地貌及精神信仰的尊重,音乐中无不流露出作曲家心中对这片圣土的遐想,每一处风景仿佛都有遥远而神秘的传说;第四交响乐《草原之歌》共九个乐章,分别为《额尔古纳》《火之祭》《圣山》《诺恩吉雅》《山之鹰》《炊烟》《北方的天空》《两棵树》《天堂草原》,犹如一幅展现蒙古族风情的美丽风光的全景图画;等等。

叶小纲还有着高度社会责任感,他对中国当代音乐的贡献是多方面的,这是他有别于其他作曲家的重要之处。他创办了北京现代音乐节并担任艺术总监,将国外重要的作曲家和作品介绍到国内,同时也为中国当代音乐创作提供了一个高端的展示平台。40年来,叶小纲的音乐创作轨迹可以说是改革开放以来中国当代音乐创作发展之路的一个缩影。

尾声

尽管当下全球经济已呈现出一体化的趋势，但各国的文化差异仍然十分明显。为什么要加强文化交流？20世纪人类科学技术迅猛发展，给人们带来了前所未有的丰富物质生活。但在全球经济一体化的浪潮下，文化之间的差异给世界带来新的冲突，人和自然的关系也面临挑战。我们是否应该停下来去思考人类文明所面临的新变化？当然，决定人类精神文明的因素很多，其中音乐是一个不可忽视的重要领域。

自古以来，中国传统儒家文化提倡人"仁义礼智信"，认为"兴于诗，立于礼，成于乐"，特别主张"移风易俗，莫善于乐"。它影响着每个人的生存和发展，维系着每一个家庭的团结与和睦，支撑着社会的和谐与安定。同样，世界各国人民需要相互理解，相互交流。"但愿人长久，千里共婵娟"，即使远隔千里，各地人们也可以被普照世界的明月联系在一起，沟通彼此的心。

中国音乐要往何处去？这可能是每一位当代音乐家都需要思考的，甚至包括出国求学的青年学子们。出国学习应该立足于平等交流,而不是盲目模仿。正如海洋的博大源于大江大河的汇流,森林的魅力在于万千树木的荟萃。中国传统文化是尚未充分开发的宝藏,一旦它找到了符合时代的表达方式,将会为人类文化贡献出灿烂的未来。正如伟大的音乐家贝多芬所说的:"音乐使人类的精神迸发出火花!"

参考文献

经籍类

吉联抗译注:《孔子 孟子 荀子 乐论》,人民音乐出版社1987年版。

著作类

金平主编:《大地回响——叶小纲音乐创作研究》,中央音乐学院出版社2020年版。

哈罗尔德·C.勋伯格:《伟大指挥家》(修订版),盛韵译,生活·读书·新知三联书店2014年版。

梁雷主编,洛秦副主编:《汇流:周文中音乐文集》,上海音乐学院出版社2013年版。

王燕、蒋力:《指挥家教育家黄晓同研究》,上海音乐出版社2013年版。

王岳川编著:《文化输出:王岳川访谈录》,北京大学出版社2011年版。

钱仁平:《中国新音乐》,上海音乐学院出版社2005

年版。

李吉提：《中国音乐结构分析概论》，中央音乐学院出版社2004年版。

蔡仲德：《中国音乐美学史》，人民音乐出版社2003年版。

《光明日报》书评周刊编：《音乐中国——中西音乐对话前的对话》，中国社会科学出版社2004年版。

居其宏：《新中国音乐史：1949—2000》，湖南美术出版社2002年版。

李西安：《走出大峡谷——李西安音乐文集》，安徽文艺出版社2002年版。

罗忠镕主编：《现代音乐欣赏辞典》，高等教育出版社1997年版。

景作人：《20世纪世界指挥大师的风采》，世界图书出版公司1996年版。

论文

黄宗权、王歆：《我校音乐家在纽约开展系列学术交流和艺术展演活动》，2019年12月15日，中央音乐学院网站（http://ccom.edu.cn/xwyhd/xsjd/2019f/201912/t20191216_64623.html）。

马秀秀:《华人作曲家梁雷:用音乐创造更美好的世界》,2019年12月12日,中国新闻网(https://baijiahao.baidu.com/s?id=1652698384650593059)。

黄宗权:《俞峰院长率团开启美国卡内基之行,奏响央音之声!》,2019年12月11日,中央音乐学院网站(http://ccom.edu.cn/xwyhd/xsjd/2019f/201912/t20191211_64454.html)。

中国爱乐乐团:《六场演出、近万名观众,数十万人在线观看:"中国之夜"奏响世界》,2019年11月9日,搜狐网站(http://www.sohu.com/a/352718746_308021)。

王思北:《"龙声华韵——中国故事"叶小纲作品专场音乐会在京上演》,2019年6月1日,人民网(http://www.culture.people.com.cn/nl/2019/0601/cl013-31115112.html)。

朱子:《独家对话|谭利华:谭指一挥 半在云间半雨间》,《北广人物》2019年第6期。

唐若普:《这些外国乐团一次次来华,为何却很少演中国作品》,https://www.sohu.com/a/273220696_150289。

李西安:《参加'96巴黎现代音乐节侧记》,《国际音乐交流》1996年第3期。

谭盾:《用中国文化的香水引领世界》,《浦东开发》2009年第5期。

《音乐爱好者》编辑部:《纽约吹来世纪风——谭盾谈音

乐》,《音乐爱好者》1998年第5期。

瞿小松:《五音令人耳聋,五色令人目盲》,载中国艺术研究院音乐研究所、《中国音乐年鉴》编辑部编《中国音乐年鉴1996》,山东文艺出版社1997年版。

李西安:《移步不换形与涅槃而后生——关于中国音乐发展对策的思考》,《中央音乐学院学报》1994年第2期。

陈怡:《青年作曲家创作心态录——部分青年作曲家参加"第一届中国现代作曲家音乐节"文稿转载》,《音乐研究》1986年第4期。

英文书籍

Wolfgang Schaufler, *Gustav Mahler - The Conductors' Interviews A.G.*, Wien: Universal Edition, 2013.

Laurie J. Sampsel, *Music Research—A handbook*, Oxford: Oxford University Press, 2013; 2009.

Evan Feldman and Ari Contzius, *Instrumental Music Education-Teachering with the Music and Practical in Harmony*, London: Koutledgo, 2011; 2016.